U0460235

高新技术团队管理
理论与实践

张慧萍 主编

中国商务出版社
·北京·

图书在版编目（CIP）数据

高新技术团队管理理论与实践／张慧萍主编. — 北
京：中国商务出版社，2023.5
ISBN 978 - 7 - 5103 - 4570 - 8

Ⅰ. ①高… Ⅱ. ①张… Ⅲ. ①高技术企业 - 企业管理
- 团队管理 Ⅳ. ①F276. 44

中国版本图书馆 CIP 数据核字（2022）第 223861 号

高新技术团队管理理论与实践
GAOXIN JISHU TUANDUI GUANLI LILUN YU SHIJIAN

张慧萍　主编

出　　　版：中国商务出版社
地　　　址：北京市东城区安外东后巷 28 号　　邮编：100710
责任部门：发展事业部（010 - 64218072）
责任编辑：陈红雷
直销客服：010 - 64515210
总 发 行：中国商务出版社发行部（010 - 64208388　64515150）
网购零售：中国商务出版社淘宝店（010 - 64286917）
网　　　址：http://www. cctpress. com
网　　　店：https://shop595663922. taobao. com
邮　　　箱：295402859@ qq. com
排　　　版：北京墨知缘文化传媒有限公司
印　　　刷：北京荣泰印刷有限公司
开　　　本：710 毫米 ×1000 毫米　1/16
印　　　张：12　　　　　　　　　字　　数：130 千字
版　　　次：2023 年 5 月第 1 版　　印　　次：2023 年 5 月第 1 次印刷
书　　　号：ISBN 978 - 7 - 5103 - 4570 - 8
定　　　价：68. 00 元

前　言

当前，世界各国高科技竞争日趋激烈。作为全球竞争的焦点，科技创新是国家强盛之基、安全发展之要，是国家、民族、地区、组织兴旺发达的源泉和动力。对科技创新而言，科技人才是关键。高新技术团队是科技人才的集聚地，其工作效率决定着组织能否生存与持续发展。要想激发科技人才的创造活力和创新动力，就要提供适合其成长的环境，运用先进的管理理念，建立健全管理体系，保持良好的管理秩序，优化科技人才配置，使之各展其长、各尽所能。美国学者彼得·德鲁克曾经说过："在人类历史上还很少有什么事比管理的出现和发展更为迅猛，对人类具有更为重大和更为激烈的影响。"在经济和科技迅猛发展的新时代，有效地管理高新技术团队，对国家或组织而言至关重要，研究和探索高新技术团队的管理模式具有重大的理论意义及实践价值。

本书从理论、内容和应用三个方面对高新技术团队管理模式进行了较全面、系统的研究。第一、第二、第三章分别阐述了相关理论依据、高新技术团队管理特点与困境、高新技术团队管理思路;第四、第五、第六章分别研究了高新技术团队的构建与培育、高新技术团队中的冲突与沟通、学习型高新技术团队建设三个方面的基本问题;第七、第八章分别从实践应用的视角探索了指导式管理和高新技术团队绩效管理方面的问题。

出版社的同志为本书的出版做了大量工作,在此表示衷心感谢。因为作者能力有限,本书难免存在不足,敬请读者批评指正。

张慧萍

2022 年 11 月 28 日于河南郑州

理论篇

内容篇

应用篇

理论篇

第一章　理论依据

第一节　相关概念

一、高新技术团队

（一）高新技术及其特征

"高新技术"是一系列新兴尖端技术的泛称，是伴随20世纪50年代开始孕育、70年代加速发展的一场新技术革命而出现的一个术语，是建立在现代自然科学理论和最新工艺技术的基础上，处于当代科学技术前沿，能够为当代社会带来巨大经济、社会和环境效益的知识密集技术，对整个国民经济的发展乃至社会生活方式的演化都有重大影响。"高新技术"也可称为"高技术"，《辞海》对"高技术"是这样解释的："高技术亦称'高科技'，是当代科学技术革命中以最新科学成就为基础的、知识密集型的、对经济和社会发展具有重大意义的新兴技术群。具有高效益、高智能、高投入、高驱动、高竞争、高风险和高速度等基本特征。世界各国公认并列入 21 世纪重点研究的高新技术群体主要有：信息技术、新材料技术、新能源技术、生物技术、空间技术、海洋技术等①。"

一般认为，高新技术的基本特征主要有四个。第一，高新技术是技术复杂程度高的技术，即高新技术本身的技术等级高、攻克难度大，是现阶段的先进技术和尖端技术，其主要原理建立在人类最新科学技术成就的基础上。第二，高新技术是新兴的技术，即指近几十年来才兴起并得到实际应用的技术，如电子计算机从发明到现在只有 70 多年的历史，但经历了三次飞跃，已发展到了第四代，即超大规模集成电路计算机和微型计算机时代。第三，高新技术是实在的技术，即指那些可以直接利用并能够在现在或将来转化为商品、形成产业、创造巨大经济效益的技术，因此，高新技术紧密地与市场联系在一起。第四，高新技术是一个具有时间性的动态概念，即指不同的时代会有不同的高新技术，某一项技术只在一定时间内属于高新技术范畴，如蒸汽机、电力、汽车都曾是高新技术，现在却成了传统产业。

———————————

① 夏征农.辞海（上）[M].上海：上海辞书出版社，2010：1176.

（二）团队及其特征

"团队"又称"工作团队"，是西方组织中广泛采用的管理形式之一，是指由一定数量的员工根据功能性任务组成的工作单位①。究其起源，有人认为早在军队出现时就已出现，16 世纪时，团队演变为"一起行动的一群人"。20 世纪 40年代，英国塔维斯托克研究院研究了工人组成团队对生产力的影响。团队真正登上历史舞台是在 20 世纪 60 年代。通用汽车公司发现，以团队为基础的装配线能提高产品质量及员工工作满意度，而且制造出一辆汽车的时间仍维持不变。尤其自从团队理念被日本大型跨国公司采纳之后，其传播和影响范围逐渐扩大。20 世纪 60 年代，日本经济快速崛起对欧美等国产生巨大冲击，许多发达国家纷纷对"日本式经营"展开深入研究和探讨，发现日本企业的员工对企业有一种强烈的归属感，同事间的信任程度很高，能主动支持和配合，共同维护团体利益，从而形成"1 + 1 > 2"的团队竞争力。经过研究，人们普遍认为，这种强大的竞争力的产生不在于个人能力素质是否卓越，而在于由员工组成的有效组织形式——团队所产生的巨大合力。很多企业开始意识到员工积极参与和团队有效协作的重要性，由此，培养团队精神、打造

---

① 顾锋. 管理学 [M]. 上海：上海人民出版社，2003：36.

高效团队在世界范围内逐渐成为共识①。20 世纪 80 年代以来，许多企业开始引入团队管理，主要是因为团队可以快速地组建、整合和解散。同时，它还有助于在管理中增强组织的民主气氛，提高员工的积极性。20 世纪 70 年代，丰田和通用合资的汽车制造公司的团队，在品质和生产力方面都表现卓越。80 年代以后，团队建设在西方进一步推广，并取得显著成效。90 年代，佛罗里达电力公司成立了 1900 个品质小组，施乐公司有 7000 多个品质改善小组。调查显示，北美 25% 的组织都在试行自我督导团队。通用面粉厂的团队将生产力提高了 40%。丹纳公司的活塞工厂依靠团队，把顾客下单到工厂交货的时间从 6 个月锐减到 6 个星期。进入 21 世纪，运用团队的方式提高运转效率越来越在现代组织中盛行②。

　　团队自出现以来演变出许多形式，肖余春从两大方面划分了团队的基本类型。从继承传统组织理论的角度，可分为正式团队、非正式团队和超级团队；从现代团队理论的发展趋势的角度，可分为功能团队、解决问题团队、功能交叉团

① 陈迎雪，陈小华. 团队建设与管理 ［M］. 成都：电子科技大学出版社，2015：3.
② 张文勤. 知识团队自省性研究 ［D］. 上海：上海交通大学博士论文，2008：11.

队、自我管理团队和虚拟团队①。综合来看，学术界对团队概念的界定主要从三个视角出发。

一是团队性质视角。科兹洛夫斯基（Kozlowski）认为，团队是执行组织相关任务、有着一个或多个共同目标、相互影响、任务依存、边界共管的集合体。团队中的几个具有不同知识、经验、能力的人员因为共同的目标聚集到一起，共享信息、技能、知识等资源，通过依赖互补、合作和创新来完成某项任务，为组织提供一定的成果②。孙建敏认为，团队首先是由至少两人组成的，通过成员之间的相互影响，最终在行为上具有共同规范。团队是介于个人与组织之间的一种形态，既由个体组成，又不具备完整的组织性能，介于个体性与组织性之间③。姚裕群在《人力资源管理》教材中对团队与群体的关系进行了阐述，认为团队一词脱胎于工作群体，又高于群体。所谓工作群体，是指为了实现某个特定目标，由两个或两个以上相互作用、相互依赖的个体的组合。

① 肖余春.组织行为学［M］.北京：机械工业出版社，2011：155 - 157.
② Kozlowski SW J, Bell BS. Work Groups and Teams in Organizations // Borman W C, llgen DR, Klimoski RJ. Handbook of Psychology：Industrial and Organizational Psychology［M］. London：Wiley, 2003, 12：333 - 375.
③ 孙建敏.人力资源管理［M］.北京：高等教育出版社，2004：12 - 17.

在优秀的工作群体中，成员之间有着一种相互作用的机制，他们共享信息，做出决策，帮助在其中的其他成员更好地承担责任、完成任务。这其实已经蕴含着一些团队的精神。但是，在工作群体中的成员，不存在成员之间的积极的协同机制，因而工作群体不能够使总体绩效水平大于个人绩效之和①。

二是团队构成视角。卡恩·R. 卡曾巴赫和道格拉斯·K. 史密斯在经典著作《团队的智慧——创建绩优组织》一书中提出，团队就是由少数技能互补，愿意为了共同的目的、业绩、目标和方法而相互承担责任的人们组成的群体②。这是被认为关于团队的经典定义。两位作者还给出了构成团队的六个基本要素，这成为后来学界广为引用的焦点。第一，人数不多。多于 20 ~ 25 人的大组很难组成团队。第二，互补的技能。团队技能要求可以分为三类：技术性或职能性的专家意见，解决问题的技能和决策的技能，人际关系的技能。第三，有意义的目的。共同的、有意义的目的能确定基调和方向。第四，具体的业绩目标。具体的业绩目标是有意义的目的的一部分，团队的目的和具体的业绩目标相结合很重要。

① 姚裕群，孔冬. 人力资源管理 [M]. 长沙：湖南师范大学出版社，2007：2.

② 卡恩·R. 卡曾巴赫，道格拉斯·K. 史密斯. 团队的智慧——创建绩优组织 [M]. 侯玲，译. 北京：经济科学出版社，1999：41.

第五，使用共同的方法。形成共同方法的核心在于，在工作的各个具体方面以及如何能把个人的技能与提高团队业绩联系起来拧成一股劲的问题上取得一致意见。第六，相互承担责任。承担责任乃是我们对自己和他人做出的严肃承诺，是从责任和信任两个方面支持团队的保证。相互承担责任是一种有用的试剂，可以用来检测团队目的和方法的质量。

达恩·海瑞格尔认为，团队是指一群能力互补（能力、技能和知识方面）的员工，他们致力于实现共同的绩效目标和建立相互负责的工作关系。所有成员为提高共同绩效而形成的共同承诺是一个团队的核心。他总结了团队的六个基本类型：职能团队、解决问题团队、自我管理团队、虚拟团队和全球团队。其中，职能团队通常由共同处理日常类似任务的个体组成，这些成员必须相互协调才能完成任务；解决问题团队针对工作职责内的某一特定问题制订可行性解决方案，并经常在一定范围内被授权采取措施；自我管理团队所涉及的员工具有高度的相互依存性，并得到组织授权，他们必须每天在一起开展有效的工作，其主要特征是他们获得了充分授权；虚拟团队通常以跨地区、跨时区和跨组织的形式工作，不能面对面沟通，而是通过网络信息技术完成项目或任务；全球团队的成员来自世界不同国家和地区，其任务往往通过虚拟团队的工作方式完成①。李宝生持有类似观点，认为团队是由知识与技能互补的若干人员组成的，团队以共同的工作任务为导向，最终实现共同的绩效目标，是具有独立决策权与执行权的工作单元②。

三是团队差异化视角。斯蒂芬·P. 罗宾斯认为，团队是为了实现某一目标而由那些相互协作的个体所组成的正式群体。该概念明显地区分了"团队"和"群体"的差异，即，所有团队都可称为群体，但仅有正式的群体才可称为团队。正式的群体可以划分为命令群体、交叉功能团队、自我管理团队与任务小组四种类型③。之后，罗宾斯在此基础上继续深化研究，在其代表作《组织行为学》一书中重新阐述了团队的定义：团队是由至少两个人组成，为了特定的目标，相互作用、相互依赖，按照一定规则结合在一起的群体④。他对团队与群体的区别做出明确的界定，二者在目标结构、协同效应、责任导向和技能模式方面都存在差异如表 1 - 1

① 达恩·海瑞格尔，约翰·W. 斯洛柯姆. 组织行为学（第 11 版）[M]. 邱伟年，译. 北京：北京大学出版社，210：216 - 217.
② 李宝生. 论企业团队与团队精神建设 [J]. 龙岩师专学报，2001（2）：12 - 15.
③ 斯蒂芬·P. 罗宾斯. 组织行为学精要 [M]. 北京：机械工业出版社，2004：85 - 110.
④ 斯蒂芬·P. 罗宾斯. 组织行为学 [M]. 北京：中国人民大学出版社，2012：23.

所示。

表 1-1　群体与团队差异

	群　体	团　队
目标结构	共享信息	集体绩效
协同效应	中性的	积极的
责任导向	个体责任	个体责任与共同责任
技能模式	随机的和不同的	相互补充

　　由此可见，在一个组织中，虽然团队与群体都是一些人员的组合，但是二者有较大区别。主要表现在以下五个方面。第一，团队成员通过共同努力能够产生积极的协同作用，因此团队绩效既有赖于个体的贡献，又取决于集体的协作。群体的绩效仅仅是成员个人贡献的总和。第二，团队的工作成果要所有人共同负责。群体的工作成果则由个体负责。第三，团队不仅要像群体那样具有共同的兴趣目标，而且还要有共同的承诺。第四，团队成员的技能是相互补充的，群体成员的技能则是随机的或不同的。第五，团队成员具有较大自主权，群体成员则一般受管理者严密管控。正是团队的这些特点，在组织管理中，越来越多的管理者更希望将普通的群体建设成为高效能团队。

　　综上所述，本书认为，团队是由至少两人组成，在遵守共同规范、充分沟通和有效协作的基础上达成共同目标的正式群体，强调自我管理、共同承诺和集体绩效。团队主要有以下八个特点。第一，机构灵活。如果把团队看作一种机构，则它的组建、管理和撤销随组织环境和需求变化而变化，甚至随时变更。第二，规模合理。团队通常是在组织内部肩负特定任务或志趣、理念一致、能力相当的成员组成的临时或半临时机构，其规模不宜过大，以高效完成任务为要旨，一般控制在 5～15 人（紧急任务或特殊情况例外）。第三，目标明确。团队成员对团队价值及其追求目标的认识统一，并愿意付诸行动。第四，自我管理。"人生活在人与人、群体与群体的交往之中。人的世界是一个交往的世界①。"在团队中，个体的自我管理既不是孤立的也不是自我封闭式的被动管理，不能脱离团队交往而存在。自我管理通过合理的自我设计、自觉的自我调节和有效的自我控制，把握自身情感和意志，不断调整自身思考方式和行为表现，使个体特征和需求与团队环境相适应，从而实现团队目标。第五，关系融洽。和谐的团队成员关系是达成目标的重要保证。团队成员不仅对自己的岗位高度负责，而且对其他成员的品性和能力充分了解和肯定，这是形成凝聚力和良好关系的重要前提。第六，

---

① 弗莱德·R.多尔迈.主体性的黄昏 [M].万俊人，等译.上海：
上海人民出版社，1992：27.

有效沟通。任何一个团队都离不开良好的沟通机制。团队成员通过信息交换，能够更加清楚地认识到工作重点和努力方向，而且能够有效消除误解、提升效率。第七，共同承诺。团队成员将自己视为集体不可或缺的一部分，对团队具有高度的忠诚度和强烈的认同感。共同承诺可认为是个人对团队的一致承诺，突出表现为个人对团队的贡献精神以及为实现共同目标而具备的主观能动性。第八，有力领导。团队领导者不仅要知人善任，激发每个人的潜力，而且要提升团队成员的胸怀和境界，成为团队的"教练"和"后盾"，建立团队共享机制，打造"团队命运共同体"。

（三）高新技术团队

目前，相关研究成果主要出自企业、高校、研究院（所）等组织内部的"研发团队""科研团队""创新团队""知识团队"等。在国外研究中，乔伊斯·S. 奥斯兰和大卫·A. 库珀在其合著的《组织行为学》一书中提出"高温团队"，在"高温团队"工作的人努力做更多的工作而无须领导管理，他们对领导充分信任，能够超越个人利益为集体目标做出调整。"高温团队"要做四件事：喜欢团队的成员、倾听他们、让工作具有参与性、让他们自己做决定①。可见，

---

① 乔伊斯·S. 奥斯兰，大卫·A. 库珀，欧文·鲁宾，马琳·特纳. 组织行为学 ［M］. 王永丽，叶敏，何敏，译. 北京：中国人民大学出版社，2011：165 – 166.

"高温团队"只是高新技术团队的一个侧面，其特性也可以看作高新技术团队的必备特质。国内学者张虹波、赵晓宇的《科研群体与科研团队模式探讨》，方文东的《关于科研团队组建的一些认识》，郝文杰、鞠晓峰的《企业研发团队知识共享影响因素的实证研究》，周青的《高绩效研发团队特征：基于高科技企业的实证》，夏功成的《高新技术企业知识团队管理模式研究》，陈春花的《科研团队领导的行为基础、行为模式及行为过程研究》等文章都对科研（科技创新）团队进行了广泛探讨。作者比较赞同陈春花的定义，她巧妙地借鉴卡曾巴赫关于团队的经典概念，把科研（科技创新）团队定义为"以科学技术研究与开发为内容，由为数不多的技能互补，愿意为共同的科研目的、科研目标和工作方法而相互承担责任的科研人员组成的群体①"。

综上所述，高新技术团队（亦称高科技团队、高技术团队）是一种主要应用于高新技术领域的团队组织形式，立足科技发展前沿，以高新技术研究与创新为内容，是由两名以上知识、技术、能力互补，拥有共同目标，履行共同责任的人组成的正式群体。通常高新技术团队是面向科技发展与创新而组建的团队，往往为了完成特定任务集合到一起，是一

---

① 郝文杰，鞠晓峰．企业研发团队知识共享影响因素的实证研究［J］．北京理工大学学报，2010（2）：249－251．

个组织内部在知识、信息、技术等方面高密度的集合平台，是科学技术创新的主体和核心竞争能力的关键，集知识型、技术型、创新型团队于一体。根据海德格尔对团队类型的划分，高新技术团队属于问题解决型团队或职能团队，他们的成绩完全取决于能否接纳彼此的工作习惯与方法，能否紧密配合、充分沟通、有效协作。

高新技术团队逐渐大量涌现是 20 世纪中叶以来第三次工业革命不断发展的必然产物。高新技术团队广泛存在于各类高科技企业。科技部、财政部、国家税务总局于 2016 年印发《高新技术企业认定管理办法》（以下简称《管理办法》），其中详细界定了国家重点支持的高新技术八大领域：电子信息、生物与新医药、航空航天、新材料、高技术服务、新能源与节能、资源与环境、先进制造与自动化。不仅企业涉及以上高新技术领域，而且军队、高等院校、研究院（所）等都有涉及高新技术领域的机构和人员，或者说每类组织都包含很多高新技术团队。在《管理办法》中，被认定为是高新技术企业有三个重要条件。一是企业从事研发和相关技术创新活动的科技人员占企业当年职工总数的比例不低于 10%。二是企业近三个会计年度（实际经营期不满三年的按实际经营时间计算）的研究开发费用总额占同期销售收入总额的比例符合要求：最近一年销售收入小于 5000 万元（含）的企业，比例不低于 5%；最近一年销售收入在 5000 万元至 2 亿元（含）的企业，比例不低于4%；最近一年销售收入在2亿元以上的企业，比例不低于3%。其中，企业在中国境内发生的研究开发费用总额占全部研究开发费用总额的比例不低于60%。第三，近一年高新技术产品（服务）收入占企业同期总收入的比例不低于60%。

因此，本书所述高新技术团队主要参照《管理办法》进行界定，但不局限于企业组织。随着人类突破认知局限的能力不断增强、科技发展日新月异，本书不局限于上述国家重点支持的八大领域，比如与智能化发展相关的领域并未在这份文件中得到充分体现，但它无疑属于高新技术领域。此外，高创新性、高风险性与高受益性是高新技术团队的典型特征。在一个组织中，其他部门如行政、财务、营销、外联等大多按部就班在一个正常的或者变数不大的轨道上运转，但高新技术团队必须用研究与创新成果推动组织发展，往往事关组织命脉。

二、高新技术团队管理

（一）团队管理

西方的团队管理源于18世纪80年代，比如英国皇家学会、法国皇家科学院等一系列科研团体的兴起；20世纪40年代美国"曼哈顿工程"（1942）、"阿波罗登月计划"

（1961）是科技创新团队发展的新阶段。20 世纪 70 年代，以日本为代表的"质量管理小组"的出现，标志着科技创新团队管理在实践方面被正式认可和应用。我国关于团队管理的研究主要集中在企业组织、科研院所，对国家行政事业单位有关团队管理的研究较少。

　　普遍认为，团队管理理论主要包括以下两个方面。第一，团队的组建包含了团队成员与团队目标两个重要因素。从团队成员的角度来看，团队成员将自身所具有的知识技能贡献给团队，在团队中通过与其他团队成员的互动与交流，实现团队以及组织的目标。从团队目标的角度来看，每一个团队成员所具备的知识和技能在团队内部可以得到有效的整合，这使管理者更好地利用内部资源，提高管理和决策效率。从团队整体的角度来看，团队的组织形式可以使员工发挥自身积极性，使员工相互合作与团结，使员工参与决策进程中，可以让他们产生更多的创新观点，提高组织效率和业绩。团队这种组织形式比传统部门更加灵活也更易于管理，也使员工更有归属感。第二，一个管理有效的团队应该具备三个相互关联的必要条件。首先，团队内部有良好的氛围，使团队成员可以发挥出自身的主动性和创造性。一个良好的团队氛围可以让团队成员充满热情地投入工作中，这对团队绩效有着非常重要的意义。其次，有对团队有效而良好的控制和管理方式。在管理上应做到"收放自如"，团队的管理应该以团队任务为导向，以团队成员为根本，在发挥团队成员自主性的同时对各个环节进行控制和管理，使团队处在高效而井然有序的状态。最后，团队必须具备为完成任务所需的专业知识。团队获取知识的途径有很多，团队除了吸纳有专业知识的人才，也可以通过自主学习获取，还可以同外部组织进行交流和知识的传递共享等。团队在学习方面的潜力和优势是显而易见的①。

当前，学界有一些专门论述团队建设与管理的著作，也有一些关于不同类型团队管理的论文。总体来看，有的研究的学术意味较浓厚。比如，赵春明在《团队管理：基于团队的组织构造》一书中从组织演化的视角重点分析了团队构造、团队性质、团队价值培养、团队协调与管理等内容。姚裕群、孔冬在《团队管理》一书中详细阐述了团队类型、团队精神、团队管理职能等内容。陈迎雪、陈小华在《团队建设与管理》一书中探讨了团队组建、团队管理职能等内容。有的研究较通俗，内容偏重实践和应用方面。比如，罗伯特·赫勒在《团队管理》一书中从管理技巧的角度分析了团队管理的具体问题。蔡为东在《行之有效：IT 技术团队管理之道》一书中从实践的角度生动阐述了 IT 技术团队管理工作

——————————

① 张娜. 团队知识管理文献综述——基于社会网络视角［D］. 北京：北京邮电大学，2012：21.

的挑战、员工选择和塑造、员工责任感和参与度、激励、绩效考核、沟通、冲突管理、核心竞争力等内容。

上述两种风格的研究成果并没有明确提出团队管理的概念，仅对团队管理的传统内容进行偏理论或者偏应用的研究。本书认为，团队管理是指在一定的组织环境和条件中，团队管理者运用一定的职能和手段，对团队内外部资源进行有效调配，促进其相互协调，以取得最大效益、实现团队目标的动态过程。该定义包含四个基本观点。

第一，团队管理是在一定的组织环境和条件下进行的，脱离（游离）特定组织的"纯粹"团队管理是不存在的，而管理情境一直在变化中，呈现出开放、动态的特点，这揭示了团队管理的组织属性和社会属性。

第二，团队管理活动是在一定的组织中进行的，而组织本身就是一个系统。组织从复杂、立体、广阔的社会系统中输入必要资源，比如人、财、物、技术、信息、时间、空间等，同时，团队还必须通过组织层面向社会输出一定的资源、劳务或产品。

第三，团队为了实现预期目标，除要做出技术上的努力之外，还要做出管理上的努力，即实行动态（过程）管理。

第四，人在管理活动中扮演着管理者和被管理者的双重角色，具有决定性作用。

团队管理的概念如图1-1所示。

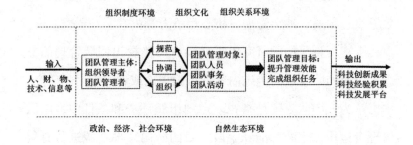

图 1 - 1　团队管理概念

（二）高新技术团队管理

根据团队管理的定义，高新技术团队管理是指在一定的组织环境和条件中，高新技术领域的团队管理者运用一定的职能和手段，对团队内外部资源进行有效调配，促进其相互协调，以取得最大效益、实现团队目标的动态过程。

第二节　理论依据

一、多团队系统理论

多团队系统（MTS）理论是从以往关注单个团队并将其作为组织活动系统一部分的研究中独立出来的一种新的团队研究。吉斯特（Gist）等人在述评组织行为研究进展时指出：

"现代团队的主要挑战不仅仅是团队内部的合作，而是怎样才能与其他团队更好地合作。然而，现在大量关于工作团队的研究都只关注团队内部的各个环节，忽略了团队与组织中其他团队的相互依存性①。"马蒂厄（Mathieu）等人提出多团队系统（Multi - team Systems，MTS）理论，该理论为更好地理解跨部门、跨组织的团队协作提供了理论指引。多团队系统理论以多维度、多视角、多层次、多目标的结构层次模型观察团队的行为方式，是团队理论的一种创新。多团队系统理论为我们理解团队间协作模式提供了新的理论框架②。

马蒂厄等人将多团队系统定义为两个或两个以上的团队为在突发情况下实现一系列目标而相互作用所构成的系统。系统内的团队有着各自不同的近期目标，但在一个共同的终极目标的指引下相互作用，并且每个团队在输入、过程和输出上与系统中的至少一个其他团队存在互依关系。从以上定义可以看出，多团队系统是既不同于单个团队又不同于组织的独特实体，它是一个动态开放系统，能够对所处环境做出快速反应。多团队系统一般是为了应对高度不确定的外部环境而组建的，依据环境要求构建系统并配置资源。另外，多

① Gist ME, Locke E A, Taylor M S. Organizational behavior：Group structure，process，and effectiveness ［J］. Journal of Management，1987，13（3）：252 - 253.

② De Church L A. Teams leading teams：Examining the role of leadership in multi - team systems ［D］. Florida International University，2002.

团队系统中的团队不一定来自同一个组织，一个多团队系统可能既有来自政府公共部门的团队，又有来自私人企业的团队，它们为了实现某个共同的目标而通力协作。

为了区别多团队系统与其他实体（如组织、子系统、团队、专责小组等），马蒂厄等人还总结了多团队系统的五个基本特征：①由两个或两个以上的团队组成；②是不同于团队和组织的独特实体，有些多团队系统甚至跨越多个组织；③多团队系统中的每个团队至少和一个其他团队存在着输入、过程和输出上的相互依赖；④多团队系统是一个开放的系统，它的组织结构取决于环境对它的绩效要求和它所采用的技术，它通过将绩效要求转化为目标层级引导行为；⑤多团队系统中的每个团队有着不同的近期目标，但有着一致的终极目标。

二、胜任力理论

胜任力是一个复杂的概念，从起源来看，胜任力的概念起源于临床心理学与法律学，是指精神与意识合理标准的界定或者照料他人的能力。胜任力的概念由临床心理学延伸到教育学时，强调更多的是智力作用下的特色能力传播与运作能力。不止如此，工业心理学等其他领域也使用胜任力概念，特指某领域中的优秀个人。19 世纪 70 年代，管理学家麦克莱伦（McClelland）发表了关于胜任力的标志性文章 *Yesting for Competence Rather Than for Intelligence*。麦克莱伦在这篇文章中首次提出了胜任力的概念，认为以智力为根据来判断员工绩效优劣的方式是不准确的。实际上，真正影响绩效表现的是人际敏感度、他人期待等。胜任力的提出与运用，能够使组织领导者意识到改善团队绩效工作的重要性。2000 年，管理学家杰弗里（Jeffery）开展胜任力调查研究，认为胜任力是一个涉及多领域的术语，一般用于普通群体人员中的优异者。胜任力是完成特定工作的重要因素。2006 年，陈澄波研究了胜任力与任职资格要求之间的差异性问题。他认为，任职资格的作用是为了区别"好"与"不好"，而不能确保员工在其岗位表现出色，胜任力则是区别工作绩效"一般"与"优秀"的标准。

（一）团队胜任力

团队胜任力是指在一个团队中，以成员胜任力问题为核心，在相互影响的基础上相互弥补的一系列知识与技能的组合。查尔斯（Charles）认为，团队胜任力是发挥一个团队绩效的关键所在。团队取得成功的原因都可以归结于团队胜任力[1]。辛西娅（Cinthia）在研究成果中提到，团队胜任力是完成有效任务需要的知识、技能的集合。从客观而言，团队

---

[1] 陈澄波. 新五力模型：胜任力管理的突破 [J]. 人力资源，2006（20）：13 – 16.

胜任力不是团队内部成员个人胜任力的总和，团队胜任力与团队成员个体胜任力存在着显著差异。团队胜任力将团队内部成员视为一个整体，强调成员之间的差异与互补，并在此基础上达到协调统一。团队胜任力体将团队视为一个整体岗位，是优秀团队所具有的胜任力特征的有机集合。与简单的职务分析相比较，团队胜任力的缓冲性更好，能够更加适应企业的未来发展与环境变化。在团队胜任力指导下所构建的团队，不会由于个别成员的离职离岗而对团队匹配造成影响，更不会对团队的日常工作开展起到负面作用。国内也有不少相关的研究成果①。徐芳提出，一个团队的胜任力是由这个团队的核心价值观、领导胜任力以及专业技能共同组成的②。黄春新在其研究成果中提出，所谓优秀研发人员往往不是指一个人，而是在团队成员通力合作下取得成功的过程，因此团队胜任力不仅包括成就导向、分析性思维、专业知识、顾客导向等，而且包括人际技能、团队协作等因素③。

（二）团队胜任力与个体胜任力的区别

个体胜任力是以企业的发展战略、目标、管理理念等为

① 冯明，尹明鑫. 胜任力模型构建方法综述 ［J］. 科技管理研究，2007（9）：39 – 42.

② 徐芳. 研发团队胜任力模型的构建及其对团队绩效的影响 ［J］. 管理现代化，2003（2）：43 – 46.

③ 黄春新，何志聪. 胜任力模型如何适用于高科技企业研发团队的管理 ［J］. 经济论坛，2004（8）：58 – 67.

基础形成的，和企业的价值观、发展标准息息相关。如果个体胜任力需要依靠组织内部各部门之间的协作才能建立或者深深根植于每个员工的隐形意识、工作流程中，那么这种个体胜任力的不可替代性就极强，是简单的培训不能实现的。与个体胜任力相比较，团队胜任力的可描述性较低。目前，胜任力已被很多组织应用于团队管理中。

（三）团队胜任力与个体胜任力的联系

学术界对团队胜任力的研究，是在个体胜任力的基础上开展的，可以说，个体胜任力是团队胜任力研究的必要条件。管理学家普拉哈拉德（Prahalad）和哈默（Hamez）曾经在《企业团队核心竞争力》一文中提及了团队胜任力与个体胜任力之间的关联。他们认为，企业之所以能够取得成功，是因为得益于企业所拥有的资源、能力与竞争力，上述要素共同组成了团队胜任力。两位作者还认为，团队胜任力的每一项因素均与员工的个体胜任力具有直接或者间接的联系，因此个体胜任力是团队胜任力的基本要素①。国内学者解冻认为，团队胜任力是团队中所有个体胜任力的整合，而个体胜任力是团队胜任力的组成要素②。个体胜任力经过团队管理

① C. K. Prahalad, Gary Hamel, 企业团队核心竞争力 [J]. 哈佛商业评论, 1990 (3): 21 – 23.
② 解冻，唐宁玉，李效云. 试论基于个体胜任力的组织胜任力 [J]. 科学经济社会, 2003 (2): 34 – 38.

者的有力整合，能够预示企业的战略定向，以战略定向的方式形成企业的团队胜任力。综上可知，学术界对团队胜任力的研究是在个体胜任力研究的基础上开展的，由此可以说，个体胜任力研究是团队胜任力研究的必要条件。

对于高新技术团队而言，团队成员的个体胜任力通过管理者的有机整合，能够在高新技术团队管理工作中发挥明显作用，并与组织战略、组织文化、团队发展规划、团队氛围等立体联结，最终形成团队胜任力。

三、知识管理理论

鲍希（Bassi）认为："知识管理是指为了增强组织的绩效而创造、获取和使用知识的过程。"马利兹（Malse）认为："知识管理是一个系统地发现、选择、组织、过滤和表述信息的过程，其目的是改善员工对某一问题的理解。"班尼特（Bennett）和加布里埃尔（Gabriel）在回顾以往知识管理的文献，定义知识管理为组织对知识的获取、储存、扩散和使用。舒尔茨（Schutlz）的观点是："知识管理包括从事组织知识的生产、提取、存储、转移、转换、应用和保护，它同时也涉及环境和文化氛围的营造，以便知识在其中的进化。"达罗克（Darroch）认为："知识管理是组织内创造知识、配置知识、扩散知识、使用知识的过程①。"

总之，知识管理就是运用团队和组织整体的智慧和资源来提高组织的应变能力和创新能力，也是组织对其所拥有的知识资源进行管理的过程。其目的是人与人以及个人与团队、组织之间进行知识和信息的沟通交流。在知识管理活动的各个环节，实现知识获取、知识转移、知识共享以及知识创新，使管理者能够更好地整合各方面资源，做出最佳决策，从而挖掘组织发展潜力，提升组织竞争力。

团队和组织整体所呈现的知识管理的各种相关活动对组织绩效有着不同程度的影响。明娜·扬霍宁（Minna Janho-nen）和简－埃里克·约翰逊（Jan－Erik Johanson）分析了知识创新和社会网络对各领域中普通团队完成绩效的重要性。首先，他们发现团队成员比高层管理者更加认为知识转移和社会网络具有相互依赖性。其次，团队成员认为知识转移影响绩效，而高层管理者认为只有社会网络影响绩效。此外，团队成员间的相互影响以及团队成员在组织网络中与团队领导的交流也有助于绩效的提高②。

---

① 张娜. 团队知识管理文献综述——基于社会网络视角 [D]. 北京：北京邮电大学，2012：18.
② 张娜. 团队知识管理文献综述——基于社会网络视角 [D]. 北京：北京邮电大学，2012：20.

四、自我管理理论

几千年来，人类不仅一直在努力认识和改造世界，而且追求对自身的改造和管理，尤其是近现代以来，对人这一要素的研究兴趣达到了惊人的程度。各种理论相继出现，实践活动普遍开展，以人为本的思想被承认、应用和强化，"自我管理"逐渐成为人们熟悉的一个词语。

自我是一种社会自主性的存在，包含两层含义：一是任何自我都是一种社会自我，自我从社会中获得存在的可能和现实；二是任何自我又都是相互独立的、个性各异的个人，是具体生活在社会中的具有不同社会属性的个人。人是社会存在物，这决定了人必须生活在一定的组织和社会群体中，必须使自己的生活既遵循社会规范又有利于自身的发展。随着信息时代来临，组织的生存和发展要求每一位成员都具有创新和主体意识。应该说，学会自我管理、加强自我管理能力的培养已逐渐成为现代人的生存方式。

自 20 世纪 50 年代以来，学者们从不同角度对自我管理概念进行了界定。其中，郭海龙关于自我管理的定义影响较大，他从人发展的高度理解自我管理，将人的全面发展作为自我管理的最终目标的哲学意义上的概念。他认为，现代意义上的自我管理就是在现代化的社会历史大背景下，具有自我意识、自主意识和自由能力的个人在正确认识自己和所处环境的前提下，通过合理的自我设计、自我学习、自我协调和自我控制等环节，以获得个人自我实现和全面发展并能推动社会进步和人类解放为最终目标的能动活动①。自我管理作为一个长期、动态的管理，是包括许多环节的流动过程。一般来说，它有如下六个前后相继的环节。第一，自我认识是自我管理的前提。人必须对自我有一个正确、全面和清醒的认识，能够辨明自己应该做什么和能够做什么。第二，自我设计是自我管理的一项重要内容，是自我管理的第一阶段，是个人根据社会条件、自我特质等诸多因素设计出的自我潜能和理想的实现方式，使自己可以得到充分而全面的发展。第三，自我学习或自我教育是自我管理实现的途径。自我学习是指根据自己的实际需要，设定学习目标，自主选择学习内容和方法，并自我评价学习结果。第四，自我协调是指不断地调节自己内部各种机能的状况，调整自身与外部环境的关系，即协调自我的精神因素与身体因素的管理，协调自身与环境的关系，包括协调人与自然的关系、人与人的关系和人与社会的关系。第五，自我控制是自我管理的保障环节。它保障人的自我管理顺利沿着自我计划的既定方向前进。第

① 郭海龙. 现代化与自我管理问题研究［M］. 北京：中国社会科学出版社，2007：11.

六，自我反思是自我管理的最后一个环节。自我反思就是运用从后思索法思考自我设计的目标是否达到，自我学习的具体情况如何，自我协调和自我控制是否达到了预期效果等。

自我管理与一般意义上的管理既有联系又有区别。自我管理虽然也包含着管理的一般过程，但在内容上充分体现了自我的特色，即在管理过程中的每一个阶段都体现了管理主体和客体的合一性。

自我管理是以交往的实践为基础的社会化管理。"人生活在人与人、群体与群体的交往之中，人的世界是一个交往的世界①。"人的活动不是孤立的，不能脱离社会及其交往群体。在管理实践中，只有通过交往活动，管理才能得以实现。而且，自我管理也不是自我封闭式的被动管理。自我管理的主体同时要把自己当作活动的客体，合理地进行自我设计，实行自觉的自我调节和有效的自我控制，把握自己的情感和意志，促使自身特征和需要与外部环境相适应，以达到组织和社会的整体目标。同时，员工通过自我管理，能对自己的行为表现和思考方式有客观的认识，并不断调整和修正，从而在社会活动中取得更好的成效。这里体现了主客体统一的哲学思想。

---

① 弗莱德·R. 多尔迈，主体性的黄昏［M］. 万俊人，等译. 上海：上海人民出版社，1992：36.

五、团队效能理论

所谓团队效能，狭义而言，是指团队绩效（Team Performance），不少学者在研究中使用这种单一的维度来测量团队效能①。团队效能从广义上定义为团队产出有效性（Team Outcome Effectiveness）。早在 1964 年，麦格拉（McGrath）就提出了一个研究团队效能的"输入—过程—产出"（IPO）框架模型②。输入描述了支持和约束团队成员交互的前因因素，例如单独的团队成员特性（能力、个性）、团队层面的因素（任务结构、外部领导影响），以及组织和语境因素（组织设计特征、环境复杂性）等。这些不同层面的因素联合起来驱动团队进程，而团队进程描述了成员之间怎样通过交互合作完成任务，达成目标。团队产出指一个或多个团队成员认为有价值的团队活动的结果和副产品，通常包括团队绩效（质量和数量）以及成员的情感反应（如满意度、承诺、生存能力等）。在关于团队效能的研究领域，IPO 框架模型一直为研究人员提供了一个有价值的指导。科恩（Cohen）和贝利

---

① Marks M A, Sabella M J, Burke C S, Zaccaro S J. The Impact of Cross – training on Team Effectiveness［J］. Journal of Applied Psychology, 2002, 87: 3 – 13.

② McGrath, J E. Social Psychology: A Brief Introduction［M］. New York: Holt, Rinehart & Winston, 1964.

（Bailey）认为，团队效能包含组织背景下的各种产出变量，将团队效能概括为三大维度：团队绩效、团队成员态度与团队成员行为。其中，团队成员行为这个维度的衡量主要包括缺勤、离职和安全性等①。2001 年，马克斯（Marks）等人建立了团队过程分类学，将团队过程归纳为过渡、行动和人际关系三个范畴②。在过渡阶段，团队成员将重点放在任务分析、计划、目标规范和制定战略等活动上。随后，在行动阶段，团队成员集中精力完成任务，协调、监督并支持他们的团队成员。最后，人际关系范畴包括冲突管理、培养动机和信任、情感因素管理（满意度、忠诚度、承诺等）。

简而言之，团队效能是指一个团队完成团队目标、满足成员的需求和维持其自身存在的水平。它具有三层含义：首先，大部分团队的运转和存在都是为了实现特定组织目标；其次，团队效能依赖于团队中成员的满意度、个体需要和其目标的实现程度；最后，团队效能还表现在团队自身的生存能力上。需要指出的是，对高新技术团队的绩效考核存在诸多困难和问题，其主要原因有：新兴前沿科技往往具有极大

---

① Cohen, S G, Bailey, D E. What makes teams work: Group effectiveness research from the shop floor to the executive suite [J]. Journal of Management, 1997, 23: 239 –290.

② Marks, M A, Mathieu, J E., Zaccaro, S J. A temporally based framework and taxonomy of team processes [J]. Academy of Management Review, 2001, 26 (3): 356 –376.

的复杂性、高风险性和不确定性，市场需求变化迅速，因此，目前对高新技术团队绩效的衡量仍然没有非常统一的标准。

六、团队领导理论

在有关团队的研究中，团队领导并不是研究焦点。因为在传统科层制结构下，团队最主要的工作是"正确地做事"，团队工作围绕组织目标确定，其职能主要是执行，因此，一般认为在团队层面是没有领导者的。近年来，随着组织扁平化趋势发展，团队作为组织内部的结构单元在组织管理中发挥的作用越来越大。团队虽然从属于组织，但团队领导者不再只是组织目标的执行者，他往往拥有决策权。在这样的背景下，团队领导问题越来越为组织管理者重视，越来越多的研究也开始聚焦团队领导者、团队领导过程以及团队领导对于团队成功的影响[①]。学界研究主要从两种视角展开。

一是领导者视角。领导者视角主要集中于领导特质和情绪智力、变革型领导三个方面。领导特质理论是领导理论中的早期研究热点，对于团队而言，团队领导者最重要的五项

---

① Morgeson F P, DeRue D S, Karam E P. Leadership in teams: functional approach to understanding leadership structures and processes [J]. Journal of Management, 2010, 36 (1): 5 – 39.

特质是管理素质、分析素质、整合素质、协作素质和组织诀窍[①]。情绪智力是近年来对商业企业最有影响的思想之一。情绪智力的概念是由美国耶鲁大学的萨洛夫（Salove）和新罕布什尔大学的迈尔（Mayer）提出的，是指"个体监控自己及他人的情绪和情感，并识别、利用这些信息指导自己的思想和行为的能力"。范克利夫（Van Kleef）等考察了领导者的情绪呈现如何影响团队绩效[②]。他们发现，领导者愤怒和快乐的情绪表现依赖于追随者的认知动机。通过对4人团队的试验研究，发现当领导者表现愤怒情绪时，高认知动机的团队绩效更高；而当领导者表现快乐情绪时，低认知动机的团队绩效更高。领导特质理论和情绪智力理论的目的是要找到团队领导者区别于团队成员的具体特征。可见，领导特质在提升团队领导有效性方面仍然发挥重要作用。变革型领导理论始于19世纪70年代，唐顿（Downton）最早在 *Rebel Leadership* 一书中提出其概念，彭斯（Burns）在经典著作 *Leadership* 一书中对变革型领导进行了详细的定义。彭斯从政

① Donnelly R G, Kezsbom D S. Overcoming the responsibility authority gap: An investigation of effective project team leadership or a new decade [J]. Cost Engineering, 1994, 36 (5): 33 – 41.

② Van Kleef G, Homan A, Beersma B, et al. Searing sentimentor cold calculation The effects of leader emotionaldisplays on team performance depend on follower epistemicmotivation [J]. Academy of Management Journal, 2009, 52 (3): 562 – 580.

治领导的描述性分析入手提出变革型领导的概念。他认为，变革型领导能够通过较高的理念与道德价值，激发、鼓舞员工的工作动机，使员工能全身心投入工作，进一步协助其下属成为领导者，从而成为推动改革的原动力。阿沃利澳（Avolio）将变革型领导行为的方式划分为四个维度，即领导魅力、感召力、智力激发和个性化关怀。国外大量的实证研究表明，变革型领导在员工态度、努力程度和工作绩效等方面具有影响。变革型领导对员工的组织学习行为、创新行为、角色外行为等均有显著正向影响作用。

二是情境和被领导者视角。情境理论认为，任何领导行为都是在特定的情境下发生的，团队领导者需要根据被领导者的特质选择特定的领导行为，领导者的效率取决于其领导类型与情境相配合的程度。近年来，团队共享领导理论和分布式领导理论受到学界极大关注。共享领导是相对于垂直领导而言的，主要研究在高度变化的环境下团队如何做出反应。共享领导是一种管理过程，团队成员对领导职责共同承担和分享，通过将团队的需要与团队成员的知识、技能和能力相匹配，引导彼此实现团队成就或达到组织目标。分布式领导是组织的不同成员根据自己的能力和环境条件的变化动态地分享领导角色。分布式领导不限于个人和正式的职位权力，在复杂多变的动态环境下，是优化组织决策、促进知识员工参与管理的一种重要领导模式。共享领导和分布式领导是对同一个概念的不同表达。从现有的研究来看，共享领导主要适用于销售团队、极端行动团队、咨询团队等，并对团队绩效产生积极的影响①。学界研究表明，共享领导团队比那些自上而下设计的团队有更高的团队绩效。但是，在团队中建立一个分布式领导系统非常耗时且困难，甚至拥有所有的领导资源都未必能获得成功。只有当团队成员都认识到在不同时候、不同类型的领导能够并存时才能解决这一问题②。正如皮尔斯（Pearce）所述："共享领导未必是团队领导的万能钥匙，团队中的层级领导仍然有着重要的作用③。"

① 谢晔，霍国庆，刘丽红，张晓东，牛玉颖. 团队领导研究的回顾及展望［J］. 科学学与科学技术管理，2011（7）：165－172.

② Barry D. Managing the bossless team: Lessons in distributed leadership ［J］. Organizational Dynamics, 1991, 20（1）: 31－47.

③ Pearce C L, Manz C C, Jr Sims H. Where do we go from here?: Is shared leadership the key to team success? ［J］. Organizational Dynamics, 2009, 38（3）: 234－238.

第二章　高新技术团队管理
特点与困境

如前所述，从不同角度入手，团队可区分为不同类型。高新技术团队作为现代社会常见的一种组织形式，具有自身的显著特征。

第一节　高新技术团队的人员特点

高新技术团队的人员，往往集知识、技能于一体，是典型的知识型员工。美国著名管理学家彼得·德鲁克早在 20 世纪 50 年代就提出了"知识型员工"的概念，即"那些掌握、运用符号和概念，利用知识或信息工作的人"。他们在工作性质、组织角色等方面与普通员工以及高新技术领域从业的行政人员有很大不同。德鲁克认为知识型员工具有不一样的特征。他们的生产效率主要取决于六个因素：一是知识型员工要懂得"任务是什么"；二是知识型员工要进行自我管理，要有自主权；三是不断创新已成为知识型员工任务与责任的一部分；四是知识型员工需要不断学习；五是知识型员工的生产力不全体现在成果的数量上，质量也同样重要；六是知识工作要求把知识型员工视为"资产"，而不是"成本"。这一归纳强调几个方面的内容：做正确的事、自主性、创新性、学习能力、工作质量和人力资本。加拿大知识管理专家弗朗西斯·赫瑞比对知识型员工管理进行了一系列研究。她认为，知识型员工不同于普通员工的本质特征是拥有知识资本这一生产资料，因此相对于普通员工具备了七个主要特征：一是独立性和自主性，这是由于知识型员工拥有知识资本，因而在组织中有很强的独立性和自主性；二是劳动具有创造性，因为知识型员工从事的不是简单的重复性工作，要针对各种可能发生的情况充分发挥个人资质和灵感；三是工作过程难以直接监控，由于知识型员工的工作主要是思维性活动，劳动过程往往是无形的，而且工作没有确定的流程和步骤，因此对劳动过程监控既无意义，也不可能；四是劳动成果难以衡量，在知识型企业，员工往往组成工作团队，跨专业、跨职能、跨部门进行工作，劳动成果多是团队智慧和努力的结晶，难以针对个人绩效进行衡量；五是较强的成就动机，知识型员工具有很强的成就欲望与专业兴趣，与一般员工相比，知识型员工更介意自身价值的实现,并强烈期望得到社会的认可;六是蔑视权威,专业技术的发展和信息传输渠道的多样化改变了组织的权力机构,由于知识型员工在其技术方面的特长和知识本身的不完整性使得他们并不崇尚任何权威;七是流动意愿强,知识型员工不希望终身在一个组织中工作,他们由追求终身就业饭碗转向追求终身就业能力,这就使得长期保持雇佣关系的可能性降低了。

王玉梅将知识型员工的特点归纳为四个方面:一是知识型员工具有很强的创造性和自主性,偏好授权、激励和引导的管理风格,喜欢自我管理和弹性管理方式;二是知识型员工具有较强的持续学习和创新的意愿,学习和创新对于知识型员工而言,是类似于资本积累和增值的活动,是自愿和自然的,而不是强制性的行为;三是知识型员工具有较高的职业承诺而非组织承诺,他们的忠诚更多是针对自己的专业而不是雇主,因此知识型员工的组织承诺性较其他员工低,流动性高;四是知识型员工具有强烈的自我实现愿望和成就动机,具有较高的需求层次,渴望看到自身的工作成果,强调实现自我价值。知识型员工注重他人、组织及社会的评价,强烈期望得到组织和社会的认可和尊重,因此在工作上表现出强烈的成就动机。廖建桥和文鹏通过对现有文献进行广泛的回顾和总结,根据以往文献提及的频率,提出知识型员工具有八个主要的特征,从多到少依次是:自主性、受教育程度高、创造性、组织的关键财富、无形劳动、知识及技能易过时、高度熟练、忠于职业胜过忠于组织①。综上可知，高新技术团队人员主要有以下几个特点。

一、知识密集、思维敏锐

高新技术领域的工作决定了团队成员必须具备优秀的专业能力和良好的综合素养。知识是高新技术发展与创新的基础，决定了高新技术人员的思维层次和形态，在《现代汉语词典》中，"知识"定义为"人们在社会实践中所获得的认识和经验的总和"。《中国大百科全书·哲学卷》对"知识"的阐释为"人们在日常生活、社会活动和科学研究中所获得的对事物的了解，其中可靠的成分就是知识"。高新技术团队的成员大多毕业于国内外理工科院校或理工类专业，以硕士、博士居多，大多从小成绩优异，善于钻研，反应敏捷，知识接受能力、思维逻辑能力和认知能力强，知识积淀较丰富。而且，高新技术团队通常担负组织赋予的前沿性、发展性、创新性任务。长期的工作锻炼和环境熏陶使他们对知识整合、内化和再造的能力突出，他们常常比组织的管理者的

---

① 金国荣. 知识型员工离职倾向影响因素研究：基于东方管理的视角 [D]. 上海：复旦大学，2014：22–25.

知识含量丰富。从一定意义上讲，他们的生产工具就是存放在大脑中的知识和智慧，他们随时可以带着这种工具离开，这造成了高新技术人员的高流动率，因此，相比普通团队成员，高新技术人员的管理难度大，传统以指挥、控制为主的管理方式对高新技术人员并不适用，如何使他们对团队、组织保持足够的忠诚度，成为团队管理者面临的重大问题。

二、个性突出、关注自我

个性是指一个人关于思想、情感和行为相对稳定的性格特质方式，以及支持和驱动这些方式的心理机制。目前，影响个性发展的因素集中于遗传基因和外部环境。从生活中我们不难发现，家庭社会环境和生活状况固然在个性塑造中发挥了重要作用，但是遗传基因对个性发展的影响也是显而易见的。并且，人们并不是环境影响的被动接收者，而是自身个性的积极塑造者，人们通过影响别人的反应创造自己的社会交往。比如，主动选择加入某个组织、参与活动等。因此，自然（基因）和外在（环境和情境因素，如家庭、文化和地理位置等）因素在个性发展中都起着重要作用。

高新技术团队成员以知识技能为依托，其研究往往是前沿性、开创性的，他们喜欢做挑战性的研究，跟踪和学习新技术的愿望十分强烈，渴望拥有自主的工作环境。这就决定了他们具有与众不同的心理特征，强调自我规划、自我引导和自我管理，对工作专注，非常注重实现目标和自我价值，并强烈期望得到社会和同行的认可和尊重。因此，他们对组织的发展规划有很强的参与意识，希望组织领导者能多听取他们的意见①。同时科研创新结果的不确定性和过程的艰辛锻炼了他们的抗压能力。但是，也正因为这类人员热衷于钻研科学技术难题，思维创新性强，他们用于社会交往的时间和精力较少，不善于处理同伴关系，不善于与人合作，往往以自我意识作为决策依据，组织的制度管理、日常管理、流程管理等都会引起这类人员的反感，甚至抵抗。而且，很多高新技术团队人员自高校毕业后直接进入工作单位，其学习和工作环境以技术为主，接触的人也多与技术相关，因此，其所在的组织内的人际关系相对简单。高新技术从业人员所要求的独立思考、所面临的内外部压力与激烈竞争，使他们更加独立、自尊、自爱，相比其他类型的工作人员，他们的内心更崇尚自由、自我、自为、自在。

三、充满理想、对政治淡漠

一方面，高新技术团队人员对专业知识和技能的要求高，

---

① 王路．高新技术企业 R&D 团队绩效探究 ［D］．西安电子科技大学，2008：16.

有较强的创造性和自主性，注重自我发展和价值实现，奉行"成就和精神激励至上"，对未来充满理想。可以说，高新技术人员的忠诚更多是针对科学技术本身而不是组织的领导者和管理者，如果在一个组织或者团队中学习不到新知识、新理念，看不到更广阔的平台和前景，创意和理念得不到实现和贯彻，或认为自己得不到充分信任，就会寻求其他发展机会。换句话说，他们只对专业负责、为科技理想而奋斗，对团队或组织的政治氛围或内外矛盾并不关心。另一方面，科学技术的发展成果难以预测、工作选择流动性高。尤其是高新技术关键领域的专业技术人才由于其知识结构的特殊性和技术水平要求，组织往往很难找到合适的可替代人选，因此，他们作为人力资本所有者，其在组织管理者的策略博弈中能力强、筹码大，在一定程度上形成"供小于求"的人力资本垄断。传统的科层制金字塔职位思想在高新技术领域的组织中越来越淡化，而以专业技术水平高低和专长互补为核心所形成的团队在组织中所起的作用越来越大，行政管理的权威和影响力部分让位于技术权威。可以说，高新技术的发展和信息革命在一定程度上改变了组织的权力结构。技能的特殊化和重要性决定了高新技术人才往往藐视权威，醉心于钻研，其努力工作的动力是追求事业成功的欲望和提高自身创造力的追求。

第二节　高新技术团队特点

高新技术人员一般具备高水准的知识与智能结构，是典型的知识型员工，而知识工作者比体力劳动者对团队更依赖，因此，高新技术团队是一种特殊的团队形式，在很多情况下是跨功能型团队，是由来自与该项科学技术相关的不同细分领域的人员组成的固定或非固定团体。其特点可从团队视角、组织视角和环境视角三个层面进行剖析。

一、团队视角

（一）团队任务的互依性

高新技术工作富有创新性、挑战性和合作性。高新技术团队主要解决复杂的任务，围绕具有高度协作性的高新技术任务与目标进行信息和资源的交换，人员相互高度依赖。这体现了高新技术团队的典型特征——互依性，即高新技术团队任务需要成员之间紧密协作与配合才能完成，对组织目标做出承诺，高度忠诚。比如，一个新技术产品从战略布局、实施论证、蓝图规划、技术攻关到测试、交付、服务等，需要经历多个环节，各环节紧密衔接，工作内容连贯、互相渗透。高新技术团队中的个人强调自主性，而成员之间的则维持平等、合作的氛围。但是，对个人的工作成果难以测量，各个成员的贡献不可分割，个人绩效较难考核。

（二）团队目标的稳定性

团队有共同愿望和有效的执行策略。在共同目标的指引下，团队成员对所要达到的目标有清楚的认识，并且坚信这一目标包含重大意义和价值、个人愿望与个人目标，体现个人意志、理想并代表利益。高新技术团队成员通常来自与目标相关的不同细分领域或专业，有不同的学习背景、专业知识和经验，能够技能互补，不仅相互竞争与促进，而且相互合作、帮助与学习，个人愿意为实现团队目标全力以赴。

（三）团队成员的知识特性

做高新技术领域的专业工作需要具备丰富的学识、深厚的专业知识和广博的综合知识。这些学识一部分是在加入组织前已经具备的，一部分是加入组织后在团队中培养形成的。长期的技术涵养使团队成员具备良好的自我管理能力和科技创新必备的特质。在科技水平急速提高和科技知识爆发的时代，以高新技术团队的形式组织与管理个体也是组织适应环境的一种体现。

（四）团队互动过程的技术主体性

高新技术团队内部成员之间的信任度较其他团队更高，这种高度的信任感是科技创新的重要基础。而且在高新技术团队中，这种信任和交互依靠知识、技术的共享、交互、融合等手段实现，技能互补和知识共享是高新技术团队不可替代的重要过程。另外，团队产出以科技发展与创新为主，强调成果的前沿性、开创性既是高新技术团队区别于一般团队的重要特点，又是高新技术团队的重要使命。可见，科学技术知识贯穿高新技术团队的活动全过程。

（五）团队目标实现过程的变动性

高新技术团队的工作成果是创造性和前瞻性的，但奋斗过程是独特的，充满"变数"。首先，在科技创新过程中会不断产生新的理念和信息，有很多闪念和灵感。想法越独特，不确定性越强。随之而来的是，团队成员会随任务内容的变化而变化，团队应科技发展创新的需要而不断优化人员构成。其次，技术发展日新月异。每当一种新技术产生，人们都会重新考虑对需求的设想，相反，人们的需求会促进科技迭代更新。而且科学技术迅速发展使传统学科的界限越来越模糊，各学科相互渗透。对同一个目标要用多学科知识来解释，这就必然使一个团队组成人员的专业复杂化，并让团队有不断优化的过程。最后，外部环境变化。无论从宏观环境、行业生态抑或组织的微观视角来看，环境的变化性都在不断增强，比如国际市场和国际关系的变化，社会文化及人类生存发展理念变化，政策、法律、法规变化，产品和服务供需状况（新的同类产品、替代产品）变化等。

（六）团队领导的"平民性"

高新技术团队的领导者，往往具备较强的专业能力，在知识、素养等方面较为突出，一般具备以身作则、以团队利益为重的职业品质，能在实现团队目标和满足成员个人需要之间取得有机的动态平衡与协调。高新技术团队的领导者往往还是"共享领导"的践行者，对团队成员充分信任，善当教练，为了理想和目标，乐意与团队成员分享领导权，积极鼓励成员参与讨论、共同决策，促使团队成员迅速成长。

（七）团队精神的坚韧性

通常，高新技术的发展与创新需要团队付出持续的努力、耐心，要求团队对技术变迁做出迅速反应，对环境变化及时监测预警，这让高新技术团队成员拥有了钻研精神和抗挫折能力，以及不断吸收新鲜事物的开放胸怀。他们不墨守成规，主动接纳变革，听取不同意见，创造性地解决问题。同时，高新技术团队成员对团队高度忠诚，遵守团队和组织规范，有强烈的归属感和荣誉感，极富凝聚力，形成"既强调团队精神，又鼓励个人发展"的和谐团队氛围和"不畏困难挫折，不断进取"的优秀团队精神。

二、组织视角

（一）权责重大

只有担负非常的责任，才能做出非常的成绩。高新技术团队是被组织赋予了重大责任的团队，而且团队只有在担负重大责任的过程中才能激发潜能、受到锤炼、提高能力、趋于成熟，最终创造一个又一个辉煌。组织授予团队的责任与团队的愿望及目标有着高度的一致性。充分的权利是取得成就的必要保证，因此，高新技术团队受信任程度较高，拥有高度自主决策权、奖惩权，以及对人力、财力、物力、技术、信息的使用权等，并且被赋予的权利与所承担的责任相对应。

（二）强调团队激励

组织拥有对整个团队的行为与成绩及每个团队成员的贡献进行考评的精密体系。为鼓励协作、杜绝内耗，组织的激励体系侧重于对整个团队的成绩实施奖惩，由此构筑团队成员拥有共同利害关系的环境。为鼓励带头者，杜绝"搭便车"现象，激发团队精神，组织对为团队做出突出贡献者与承担重大责任者实施选择性激励，比如额外的奖金、特别的荣誉、更多的机会、更重大的权责等，同时对团队内部起破坏性作用的人严厉惩罚，树立正面或负面典型，建立全面的激励体系。

（三）强化组织指导

从外部条件看，管理层应给团队提供完成工作所必需的各种资源[①]。在团队建设过程中，对于如何选择队员与领导、

---

① 肖余春. 组织行为学 ［M］. 北京：机械工业出版社，2011：160.

如何建立外部联系、如何解决冲突、如何形成规范、如何达成共识、如何促进团队成长等问题，高新技术团队通常都有专家指导，能获得物质与精神支持，包括完成任务所需的资源、足够的时间、耐心、容许犯错、从错误中吸取教训、学习的机会、适当的环境、对团队最终决议的尊重与贯彻执行等。团队获得的指导与支持来自组织内外的各个方面，尤其是与之直接相关的部门，其中最具决定性影响的是组织最高领导层自始至终、明确有力的坚定支持。

（四）缺乏过程监督

高新技术人员的工作主要是灵活运用知识和技术创造社会价值的思维活动，活动过程具有内在的隐蔽性和抽象性，尽管表现为一定的程序和步骤，受到规范管理和监督，但知识的生产和运用并没有固定的流程，劳动过程往往是无形的。灵感和创意可能发生在任意的工作时间和场合，而且可能是不连续、跃进式的，是停滞和跃进相结合的。因此，团队的工作过程呈现出很大的随意性和主观支配性，试图对其工作进行严格监控是十分困难的。同时，高新技术团队会遇到很多不可预见的问题或突发性事件，这种多变的不确定环境决定了高新技术工作没有太多可以参照的模板，没有一个清晰的阶段性的成果来展现他们的劳动，对工作现状的描述和工作进度的衡量都难以量化和显现。对组织中的其他人而言，高新技术团队的工作过程是不透明的。

三、环境视角

（一）公共关系融洽

高新技术团队与组织内部其他相关团队或部门存在密切而融洽的信息、物质联系。为早日达成目标，高新技术团队的规则不仅与组织制度、文化保持一致，更与整个社会的法律、制度、文化环境相协调。高新技术团队与组织外相关领域合作紧密、关系融洽，树立良好公共形象，争取更多方面的有力支持。

（二）良好沟通助力

一般业务能力出色的高新技术团队成员并不都具有良好的沟通能力，因此为了提高团队执行力和工作效果，团队管理者一般都注重建立顺畅的沟通机制，比如信息交换与信息反馈、内部信息化管理平台、外部交流渠道等。高新技术团队管理者在管理沟通过程中常常发挥关键作用。

第三节　高新技术团队管理特点

在高新技术领域，由相关知识技能人才组成的团队，是一个组织的重要组成部分，居于关键和核心地位。在团队发展的各个阶段，团队管理始终围绕整个组织的战略目标和建设发展需要，对团队各项管理要素进行调整，不断提升团队管理效能。

一、"技术＋管理"一体化

曾有学者针对知识型人才成长通道的问题做过一个小范围调查，归纳总结，他们对成长通道的要求主要有三点：第一，能学到新知识，能得到指导和培训的机会；第二，在自身的成长过程中，能得到足够的尊重；第三，在职业发展的道路上，有一个能为之终生奋斗的目标[①]。高新技术团队成员属于典型的知识型人才，在工作中注重自我成长与发展、偏爱高报酬、有挑战性和成就感的工作。因此，有良好的成长通道是高新技术人才最关心的问题。事实上，高新技术领域的组织最需要解决"研而优则仕"的问题。高新技术人员必须在一个技术方向上锲而不舍才能站到技术的最前沿，才能达到更高水平，才能形成核心技术和核心竞争力。但很多技术人员在科研工作做得很出色的时候，只要一有机会便转而走向"从仕"，去做行政管理工作。有限的领导和管理职

---

① 杨春华．中外知识型员工激励因素比较分析 [J]．科技进步与对策，2004（6）：26

位成为高新技术人才成长通道上很难突破的认知"天花板"。许多技术人员都有转向管理的强烈意愿，且以此作为"技术过硬"和"职业成就"的标志之一。事实上，高新技术人才的职业发展通道一直以来都比较顺畅，而且流动性强、市场需求大，可选择的余地充足，但是受传统"学而优则仕"思想的影响，由技术转向管理成为高新技术团队人员寻求发展相对单一的通道，成为稳定科研技术人员的保障。大量优秀科研人员因"转仕"失败离开团队和组织，造成人才流失，对高新技术团队来讲，也是一种极大的损失。因此，"技术＋管理"一体化是我国目前高新技术团队管理的现实状况和典型特征。

二、管理思路平衡化

平衡亦称均衡，指矛盾被暂时、相对地统一或协调，是事物发展具有稳定性和有序性的标志之一。合乎规律的平衡是事物存在的基础和发展的根本条件之一。高新技术团队集技术整合与行政管理于一体，而技术性工作与行政性工作的底层逻辑、运行机理乃至从业人员个体的性格特质，都有很大区别。因此，在管理实践中，要保持"宏观宽松、微观精细"的管理思路，尤其在"外行领导内行"的情况下，组织和团队领导者的技术权威不足，此时更要注重规范化管理与高新技术创新所必需的"开放环境的自由奔放"之间的平衡，应超前规划团队，制订较为宽松的、指导性的战略或创新实施计划，采用灵活的团队人力资源引进、开发、培养和使用机制，实施组织方向性调配与团队内部人力资源精准调配相结合的人才发展思路。

三、指导式管理风格

国内有学者提出知识企业要采用指导式管理模式，其核心是：协商确定团队任务目标，充分吸纳高新技术团队成员的意见，同时注意防止小团体主义；利益分配原则应把个人业绩和团队业绩结合起来，建立以绩效为基础的团队工资制，提供必要的资源保障、充分授权等。根据前述高新技术人员及团队的特点可知，高新技术企业更加适用指导式管理模式。首先，团队任务的高新技术属性和强创新性决定了团队任务目标通常要在充分有效沟通和全面科学研判的情况下共同决策，为后续工作奠定良好的认识基础和人际基础。其次，组织领导者更多起到支持和保障的作用。团队需要充足的资源保证运行和发展，在完成任务的过程中，组织应当提供信息、资金、设备、原材料、技术以及内外部公共关系等资源，但不能干涉过深，以把握方向、放手操作为原则，以使其能够集中精力搞好务实工作。比如，团队与其他部门之间的协调、

与组织高层的沟通等，高新技术团队成员往往不注重这方面
的工作，因此组织领导者要做好中间人、掌舵手的角色，使
团队能够顺利发展。最后，高新技术创新的过程充满了个人
冒险精神和集体合作精神，但在现代社会靠个人单打独斗的
个人英雄主义根本行不通，只有塑造"共同努力、共同发
展"的团队氛围，形成强大的团队合力才能产生强大的竞争
力，因此，组织要善于充分授权，站在组织、行业或更高层
次上提出和探讨具有前瞻性的战略与计划，对团队进行指导，
创造合作的文化氛围，并使其成为团队发展的动力。

四、管理方法个性化

高新技术人才有主见、有思想、有追求，在网络下沉的
时代，受外界的冲击剧增，人的个性易彰显。笔者认为，应
借鉴毛泽东在革命战争年代提出的"说服教育"方法，注重
疏导而非一味压服，注重启迪交流而非灌输施压。毛泽东特
别强调："要人家服，只能说服，不能压服。压服的结果总
是压而不服。以力服人是不行的。……我们一定要学会通过
辩论的方法、说理的方法，来克服各种错误思想[1]。"说服教

---

[1] 毛泽东，毛泽东文集（第 7 卷）［M］. 北京：人民出版社，1999：
279.

育的目的是改变人的态度，进而影响其行为方式。高新技术团队成员往往对"自我"更坚持，容易固执己见，在说服教育过程中，通常以正面引导为主，秉承"平等尊重、情理结合、对症下药、循序渐进"的原则，尊重人性及其发展规律，注重疏通负面情绪，化解不良矛盾，引导思想启迪，帮助他们发现问题、分析问题、思考问题，辩证地看待问题，进而调节个体行为。更重要的是，高新技术团队成员人数一般不多，在现实管理中，组织负责摸底，切实做好"一人一事"工作，在具体管理方法上，因人而异，因事而变，树立科学的管理理念，构建高效的高新技术团队管理体系，塑造良好的管理生态。

总之，相对于传统自上而下的命令式（指令式）管理，伙伴支持式的指导式管理更能给组织和团队带来希望、动力和高绩效，更能促进团队每一位成员的可持续学习、成长，更能提高团队成员的工作能力和综合品质，改善人际关系。在民主、共生、协作的良好氛围下，团队成员能增强对环境变化的敏感度、组织参与度和责任感，不用担心被否定，因而更能主动回应变化而不是躲避变化。这促进其创造力的发挥，进而提升高新技术团队活力和管理效能。

第四节　高新技术团队管理面临的困境

从宏观大环境来看，随着我国进入新发展阶段，全球经济和安全态势日趋紧张，高科技领域竞争加剧，以美国为首的西方国家极力打压遏制我国高科技发展进程；从组织环境来看，高新技术团队管理面临一系列挑战：网络话语冲击团队成员价值追求、便捷的社交方式和复杂的信息导致个体的认知偏差、团队动散性增强导致管理难度加大、专家型管理短板突出。

一、网络话语冲击团队成员价值追求

当前，网络已经深度影响人们的思想和行为，网络流行话语快速在现实中发酵，比如"躺平""内卷"等网络热词就如一股悄无声息的洪流席卷整个社会，侵害人们的思想和心灵。不容忽视的是，"躺平"思维逐渐弥漫开来，成为"网生代"群体追求的"新生活理念"。"内卷加班累成狗，不如躺平乐悠悠"，类似这样的顺口溜还有很多，这表明"得过且过，缺乏理想，没有追求，不愿奋斗"的消极情绪已经在社会出现，这种自我放弃、自我麻痹的不良氛围与本该朝气蓬勃、勤奋踏实的高新技术领域的氛围相悖，与科学精神和对技术的极致专业化要求背道而驰。

二、便捷的社交方式和复杂的信息导致个体的认知偏差

在"人人皆媒体"的时代，人们的社会交往渠道多样，社交网站、微信、论坛、短视频等社交媒体以及网络游戏极大拓展了交往边界，丰富了交往内容，同时也产生了更多诱惑和陷阱。比如，受西方国家控制的"公知""水军"等大肆宣扬西式民主、享乐文化和自由主义，放大我国社会发展中的矛盾、存在的现实问题或阶段性问题，企图混淆视听。加之现代社会人们的工作和生活压力逐渐增大，高新技术团队人员的入职动机日趋多元化，诸多现实考虑对工作的专注度形成越来越大的影响，甚至在一些团队出现浑水摸鱼和集体慵懒的现象，安逸求稳思想逐渐滋生，科技创新动力不足。在这种情况下，高新技术创新人员面对形形色色的社会交往对象，极易在爱慕虚荣、放纵欲望、攀附关系中误入歧途，认知发生偏移，背离职业理想和从业初衷。

三、团队动散性增强导致管理难度加大

对大多数高新技术团队而言，其成员来自不同专业领域，有的不在同一个单位，有的属于同一个单位的不同部门或不同岗位，尤其是临时组建的团队，其成员更加动态和分散，因此，"动中抓管理，散中搞创新"成为越来越普遍的现象。在日趋动散的条件下，团队管理者配备力量，进行专业交流、技术攻关，沟通思想等难度加大；组织领导者开展教育，指导帮建，进行安全监控、效果评估等也更加困难，组织功能发挥受限，影响团队建设与管理效能。

四、专家型管理短板突出

专家型管理，也可称为技术权威型管理。在现实中，有相当多的高新技术团队管理者是本领域的专家和权威，其原因在于他们具备完成团队任务所需的某项技术，且技术水平较高。专家型管理的优势很明显：专家型管理者熟悉本专业技术，能够指导下属工作，易于与团队员工进行沟通并树立威信等。但是，优势也是劣势，二者在一定条件下可以互相转化。在科技大爆发时代，专家型管理者在团队管理工作中将面临以下陷阱。第一，关注团队成员技

术水平而忽视其动机和态度。管理咨询师迈克尔·格伯的研究表明，在现实工作中，由技术专家走上管理岗位的人员所持有心态的70%仍然是技术人员心态。专家型管理者在组建和发展团队时，几乎条件反射式地将注意力集中于团队成员是否具备完成任务所需要的技术和技能上。对于一个高新技术团队而言，这当然是需要的，但远远不够①。在网络下沉的现代社会，追求家庭和个人幸福，追求在工作中得到自己满意的发展，实现自我价值和理想目标，是技术人才的普遍内在需求。专家型管理者必须将考察点从关注技术能力转移到调动团队成员的工作激情上来，寻求团队共同价值观，形成团队的共同愿景。只有如此，才能将高新技术人才的潜能最大限度地激发出来。第二，专家型管理者注重逻辑，多年锤炼的技术素养使他们中的大多数都极为推崇量化管理和标准答案。诚然，团队管理者要系统地分析问题，但也要对各种形势做出迅速反应，这就要求管理者具有敏锐的洞察力和判断力，除了缜密的逻辑，还需要培养直觉。面对不可能完备的信息，管理者只能持有限的理性，并且管理根本没有标准答案。管理是独特的、定制的，讲究情境和适宜。在管理中，不同的人需要用不

———————

① 迈克尔·格伯，企业家迷信［M］．北京：新华出版社，1999：57.

同的管理方式。高新技术团队的成员不能靠命令，只能靠认同管理。寻求认同的时候，团队管理者必须问清对方需要什么，而绝不仅仅是"你擅长哪项技术"，因此，专家型管理者要摒弃"标准答案"式的完全理性，回归科学的有限理性。

第三章 高新技术团队管理思路

高新技术团队是随着科技发展逐渐产生的新事物，在管理方面没有太多成功的、现成的经验可以借鉴，加之中西方在社会制度和发展模式、组织运行机制以及文化生态等方面差异较大，面对新问题和新挑战，必须明确高新技术团队管理思路，才能有的放矢推进管理优化升级。

第一节 组织领导层面

一、建设学习型组织

美国麻省理工学院彼得·圣吉教授在《第五项修炼——学习型组织的艺术与实务》中提出了学习型组织的概念，认为在学习型组织内部各成员通过不断共同学习，不断突破自己的能力上限，创造真心向往的结果，培养全新、前瞻而开阔的思考方式，全力实现共同的抱负。这被称为持续开发创造未来能力的组织①。国内学者邱昭良认为，学习型组织能够敏锐地观察到内外部环境的各种变化，通过制度化的机制或有组织的形式捕获、管理和使用知识，从而增强群体的能力，对各种变化及时进行调整，使群体作为一个整体系统能够不断适应环境变化而获得生存和发展。学习型组织是一种新型组织形式及组织发展机制，其本质是组织发展的过程，及如何从组织现状走向组织希望的另外一种状态的过程②。可见，学习型组织旨在通过学习提高组织的环境适应能力，促进组织变革与发展，塑造良好组织氛围，形成共同组织愿景，为实现组织未来目标而共同奋斗，是一种抽象的组织形态。这种抽象性体现在组织成员精神面貌、个人追求、工作状态、价值观以及组织形象、文化、成果、社会和经济效益等各方面，随组织发展的需要和组织目标的变化而变化。学习型组织实质上是一个不断变革的组织，是一个充满活力、生命力和竞争力的组织。因此，组织应关注和指导建设学习型团队。

---

① 赵国辉，周琦，张莹. 基于学习型组织理论的科技创新团队管理探讨 [J]. 农业科技管理，2015（2）：87.
② 邱昭良. 学习型组织新实践：持续创新的策略与方法 [M]. 北京：机械工业出版社，2010：76.

第一，建立团队知识学习机制。在高新技术领域，知识学习复杂性高、外显性弱、不确定性强，在组织层面要推动团队逐步形成知识收集、知识共享、知识吸收、知识应用和知识创造的良好学习机制。团队管理者通过"头脑风暴""深度访谈""信息高度共享""思想自由交流"等方式激发出富有创造力的观点、理念、想法，哪怕是一闪而过的灵感，使团队在学习中持续成长。另外，高新技术领域的创新是曲折艰难的，在团队知识学习过程中，要构建容错机制，鼓励个体将实践中的隐性知识在团队共享，发挥个体对知识和技术的动态判断和评价能力，提高团队中个体成员的参与程度。

第二，推动团队开展"五项修炼活动"。五项修炼是建立学习型团队的核心。一是建立共同愿景，使团队成员明确未来目标和使命。对高新技术团队而言，共同愿景主要体现为技术总体和长远发展目标、自身的综合竞争能力、技术价值水平或预期利益等方面。二是开展系统思考。高新技术团队要解决难题、推动创新，就要全面考察、分析科技发展形势，认清团队所处的地位和水平，明确团队主攻方向、突破重点、阶段性任务和完成时限等，使团队成员能够有的放矢地围绕共同愿景开展工作。三是提倡追求自我超越。追求自我超越是组织创新和发挥个体成员主观能动性的动力来源之一。高新技术团队学习和创新能力的提高是一个不断打破现状、实现更高目标的持续性过程。四是改善心智模式。所谓心智模式是指人们的思想方法、思维习惯、思维风格和心理素质等，是人综合素质和能力的反映。改善心智模式就是要克服自我感觉良好、墨守成规、局限思考、心态不正等不良思想和行为，要通过持续不断的个体学习，使团队成员对自身的动机、性格、情感、价值观、文化素养、抗压能力、激励环境等方面反思，从而重新塑造价值观、心境、态度和培养综合素养。五是强化团队学习。随着国内外高新技术领域竞争加剧，国家对高新技术发展创新和运用的要求不断提高，市场需求变化越来越快，加之团队人员的更替、任务目标的调整、社会应急情况的出现等因素的影响，必须不断加强团队学习，从而为形成良好的团队文化奠定基础。

第三，构建团队制度创新机制。制度创新是规范团队运行的有效保障，建立适合团队特点的学习交流制度、培训制度、绩效考核制度、激励制度、薪酬制度、日常管理制度等，能够从机制上增强团队成员的公平感、信任感、归属感，提升其满意度和对公平的认知度，从而提高团队战斗力和绩效水平。

二、构筑心理契约

心理契约是高新技术团队成员取得良好工作效果的重要保证。形成并履行心理契约对提高团队绩效起到极大的促进作用，主要体现在能够增强团队成员的归属感、忠诚度，以及团队成员之间的互依性。

最早使用心理契约这一术语的是美国管理学家阿吉里斯。他在 1960 年所著《理解组织行为》一书中，用心理契约来刻画下属与主管之间的一种关系。这种关系表现为，如果主管采取一种积极的领导方式，雇员就会产生乐观的表现；如果主管保证和尊重雇员的非正式文化规范（如让雇员有自主权，确保雇员有足够的工资、稳定的工作等），雇员就会少抱怨而维持高生产率。阿吉里斯虽用心理契约这一术语来描述这种关系，但他并没有对这一术语加以界定。1962 年，有"心理契约鼻祖"之称的莱文生将心理契约看作是一种没有成文的契约。莱文生认为，心理契约是组织与员工之间相互持有的，用以表明组织与员工之间隐含的、未公开说明的相互间期望的总和。其中一些期望（如工资，在意识上清楚些，而另一些期望（如长期晋升）在意识上比较模糊。美国心理学家施恩认为，心理契约是"个人将有所奉献与组织期望有所获取之间，以及组织将针对个人期望收获而有所提供的一种配合"。其意可表达为：虽然组织与个体没有通过一纸契约明确表达，而且由于是动态变动的也不可能加以载明，但组织与员工依然能找到各自所关注的焦点，如同有一纸契约加以规范。换言之，每个个体都为组织的发展做出贡献，因为他们相信组织能实现他们的期望，而组织也很清楚每个个体的发展期望，并尽力满足他们。

可见，心理契约就是组织与个体相互间应付出什么同时又应得到什么的一种主观心理约定。约定的核心是双方未书面明确的、内隐的、不成文的相互责任。心理契约反映的是组织与个体之间对于对方所抱有的一系列微妙而含蓄的心理期望。高新技术团队构筑心理契约的过程，是一个充分发挥高新技术人才积极性、创造性的过程，是保证其产生高水平的内在激励和做出承诺（主要表现为高能量、延长工作时间、愿意多干和对工作充满热情等）的过程，也是构建团队"命运共同体"的过程。基于高新技术团队的鲜明特点，团队心理契约管理应从建立共同愿景、互补团队角色、营造团队文化入手。

（一）及时反馈个体绩效

管理者要按照规定的绩效标准和要求，及时反馈团队成员的工作绩效，并说明组织对不同职位或不同角色个体的期待。否则，团队成员对于自己在团队中应该做什么和怎样做是不清楚的。目标设置理论认为，具体的有一定难度的目标可以对员工产生激励作用，但是目标激励只有在绩效反馈的情况下才产生较强的作用。因此，对团队中的每个成员必须根据其岗位职责和能力设置目标，并与员工进行充分沟通。

（二）工作过程的最大授权

高新技术团队的工作具有极大的创造性，对团队成员来说，对新知识的探索和对新事物的创造是一种本能的欲望，团队管理者应给予其较大的自主权和自治权，比如，具体的工作标准、过程、方法、进度等由成员自行安排，实行自我管理、自我监督，减少外界的干涉和约束。团队管理者不要以指挥者的姿态出现，而是充当舵手、向导和协调者的角色，为成员开展创造性工作营造宽和的外部条件。

（三）构建科学的职业生涯管理体系

美国组织行为专家道格拉斯·霍尔认为，职业生涯是指一个人一生工作经历中所包括的一系列活动和行为。作为管理者，应当善于在组织战略和愿景牵引下，合理规划组织和团队的职业生涯，并深入了解每一位团队成员的个人职业理想和职业生涯规划，将二者结合起来，构建组织和团队内的职业生涯发展系统，实现组织人力资源需求与个人职业发展需求之间的平衡，创建和谐、高效的工作环境。在现实中，团队维持良好的心理契约在很大程度上取决于组织和团队能够为成员安排顺畅的职业生涯通道。

三、促进组织公民行为的产生

组织公民行为理论认为，员工在组织中具有主动合作的倾向，组织不能仅凭正式的组织结构和管理流程控制员工，而应该注重其合作意愿。巴纳德提出的系统组织理论指出，组织是一个以合作为基础的复杂社会系统，合作意愿是组织存续和发展的关键因素。卡茨（Katz）指出，组织的有效运转不仅依赖员工完成角色规定的行为，而且依赖员工完成超越正式职责要求的创新与自发行为。奥根（Organ）在 1988 年正式提出组织公民行为（Organizational Citizenship Behavior，OCB）的概念，将其定义为员工自愿做出的、不被正式的奖励制度直接认可但从总体上有助于组织有效运作的个人行为。根据这一界定，组织公民行为有利于组织发展，且员工的工作要求并没有对此做出明确规定，这一行为完全出于员工自发的合作意图。但是后来有学者对这一定义的准确性提出了疑问，因为在实际工作环境中，员工对职责要求的行为和角色外的行为可能有自己的判断，个体认知与概念定义之间或存在错位。此外，也有学者的实证研究发现，组织公民行为可能会影响到员工的绩效考核结果，这与定义中"不被正式的奖励制度直接认可"相左。值得注意的是，在组织公民行为的概念出现的同时，一些其他相关概念也相继被提出，如亲社会行为、自发行为等，这些概念之间相互借鉴，融合发展。基于此，奥根重新思考了自己在 1988 年提出的定义，借鉴关系绩效的概念，将组织公民行为定义为"增强和维护组织的社会和心理环境，有利于组织任务绩效的行为①。"国内对于组织公民行为的研究受到中国传统儒家思想的影响，杨百寅等人结合中国实际情况，认为组织公民行为类似于组织主人翁行为，员工具有主人翁的意识能提高组织绩效②。樊景立等人在研究中还发现了中国文化背景下组织公民行为特有的表现形式，如维护人际和谐、保护公司资源、参加社会公益活动③。

综上可知，组织公民行为是员工自愿做出职责范围外的有利于组织的行为，这些行为并没有得到组织中正式的奖励制度直接或明确的回报，但这些行为从总体上提升了组织的效能。事实上，无论是一个人，还是团队构造抑或组织设计，都不可能是完美的，因此也不可能将工作职责界定得绝对清晰和完整，在实践中总会有一些职责之外的事情，尤其在不断变化的时代环境中，更加强调组织的创新、灵活以及对变化迅速做出反应，这就需要组织成员做出组织公民行为。对高新技术团队人员而言，做出岗位职责要求之外的主动创新行为和互助行为对于组织和团队的成败至关重要。作为组织

---

① 董夏宏. 包容型领导对组织公民行为的影响机制研究 [D]. 上海：华东师范大学，2022：13 – 14.

② 杨百寅，连欣，马月婷. 中国企业组织创新氛围的结构和测量 [J]. 科学与科学技术管理，2013（8）：35.

③ 吴志明，武欣. 知识团队中变革型领导对组织公民行为的影响 [J]. 科学研究，2006（4）：283.

领导者和团队管理者，要做到以下几点，以促进组织公民行为的发生。

第一，注重团队负责人选拔的均衡性。组织不仅要善于任用富有个人魅力的团队负责人，不拘泥于他是技术型还是管理型，而且要善于培养综合素养优秀的团队负责人，即"技术＋管理"融合型团队负责人，这一点非常重要。第二，注重团队成员在个性、技能和经验上的异质性。团队成员角色互补，在个性、技能和经验上的差异对组织和团队长期绩效有正面影响。在异质性基础上的协作更易达成，异质性为团队决策和创意提供多种选择，有助于集体创造性的发挥。第三，主动提升组织领导的自主性动机和自我管理水平，改进领导风格。在实践中，领导风格与组织成员评价、组织公民行为高度相关。在组织中，领导为下属提供工作所需的资源和其他方面的支持，作为回报，下属向领导表达认同和忠诚，并将这种正面态度拓展到工作的其他方面，如增加对组织的承诺、提升工作绩效和主动表现行为等。传统的权威命令式领导往往给人们造成过大的压力，不利于上下级信任关系的建立，影响组织的工作氛围和文化氛围。而包容型领导、真诚型领导、变革型领导等就更容易得到组织成员拥戴，个体的工作动机水平就会更高，从而引发个体做出更多的行为。

四、赋能梦想力量

有学者认为，一个成功的组织往往是志存高远的"道德集团"，强调"共同承诺"与"共享理念"，要让组织成员有胸怀和境界，从"利益共同体"进步到"命运共同体"，从而建立"共享机制"①。这为我们提供了启发。科学技术是第一生产力，高新技术领域肩负民族复兴的重任。第一，团队管理者不仅要领会组织战略意图，而且要具备任务执行力，推动各项组织制度真正落地落实，让制度拥有实现梦想的力量。这就要求团队管理者要听得进不同意见，主动接受批评，真诚袒露不足，强化自我管理，主动使自己成为被领导者，为团队成员带来巨大的人格鼓舞和团队认同感，为每一位团队成员的梦想赋能，形成"个体—组织"事业共同体和"个体—组织—社会"命运共同体。第二，作为组织领导者，"要担当责任，驱动变革，更重要的是给成员信心，即便在黑暗之中，也能指明前进的方向②。"高新技术团队从事的工作往往崎岖坎坷，充满无数不确定性，失败、失望、焦虑甚至黑暗伴随团队成员的整个职业生涯，个体往往深感无力和

① 　包政.让组织更有道［J］.企业观察家.2016（3）：82-85.
② 　陈春花.激活组织［M］.北京：机械工业出版社，2017：171.

渺小。在这种情况下，团队管理者要充分了解团队成员的生长背景、认知特点和技术专长，通过细致扎实的日常管理工作让团队成员认识到，从事高新技术领域的工作，必须有能力发展和提升自己，决不能灰心停滞，否则，自己的职业生涯会灰暗苍白，团队和组织也将面临灾难性后果。

第二节　团队管理层面

团队管理者要加强团队沟通，促进成员之间的信息交换、思想交流和相互影响，建立共同理解，增进团队默契并加强行为协调，不断提高团队绩效和创新力。

一、增进团队情感

情感涉及人的内心世界和精神领域，正向的情感是促进组织发展的积极因素，是减少内耗、理顺人际关系的"润滑剂"。情感管理在实践中被广泛应用。陈春花等人认为，情感管理可以提高知识型员工对组织的忠诚度和对工作的敬业度，通过增强员工的自我管理意识提高组织绩效。因此，管理者要加强与团队成员之间的情感联系和情感沟通，既要关注他们工作内的情绪与状态，也要关注他们工作外的情趣和生活，及时消除管理者与团队成员之间以及团队成员之间的不和谐因素，增进团队信任，帮助建立良好的工作与生活氛围，并善于引导个体情感向组织靠拢。

二、塑造团队文化

团队文化是团队价值观和思维方式的体现，团队文化建设的重点是：建立共同愿景，营造尊重和信任的氛围，建设以学习型文化为核心的创新文化。第一，增强信任连接。在传统管理实践中，言激励必谈绩效，但从人的本质需求和管理效果来看，个体与团队相互信任才是最好的激励。一是平衡家庭与工作。工作与家庭的关系是现代社会的永恒话题，二者是一种时间精力投入的竞争冲突关系。尤其是冲在科技创新一线的高新技术团队，处于高强度、高投入度的工作状态，更需要团队管理者帮助团队成员平衡工作与家庭的关系，这不仅是我国传统尊老爱幼"家文化"的重要体现，而且是促进团队与成员关系的有力抓手。二是建设幸福团队。以往谈及激励总是针对个体展开，现在要转换新的视角，让团队真正担负起激励的责任。通过突出高新技术人才在组织和团队中的核心地位、助其合理规划职业前景、完善各项待遇和管理方式、丰富团队生活等多种措施建设幸福团队，让团队成员感受到个体与团队因目标而共存，因责任而共生，因理想共奋斗，提高团队成员投入工作的积极性和内驱力。可以说，建设一个能为个体带来良好情绪体验和发展前景的团队是增强彼此信任的根本之道。第二，构筑共同愿景，使团队散发出"你中有我，我中有你"众人一体的感觉。团队管理者要创造一种开放、包容的环境，鼓励团队成员分享各自的希望、想法、感情和担心，并且确保足够的信息流动和沟通，比如通过各种形式的培训、会议、庆典、兴趣小组等增强团队成员之间的认可度和凝聚力。第三，创造学习环境。人类社会进入新情景，知识是重要的生产力要素，知识革命每天都在发生。高新技术团队要面向创新建设学习型团队文化，比如，鼓励团队成员围绕某个关键细节临时自由组合为攻关小组，并为小组提供必要的物质资源和精神支持；倡导求真务实、勇于探索的科学精神，以及团结协作、淡泊名利的团队精神；鼓励敢于创新、冒尖，大胆提出新概念、新体系，激发创新思维，活跃创新气氛，努力形成宽松和谐、健康向上的创新文化氛围。

三、优化团队结构

团队结构通常包括知识、专业、年龄等，高新技术团队更要建立互补的、层次分配科学合理的团队结构以及相对稳定的发展方向。团队成员年龄结构合理、知识能力互补、学科交叉、资源共享、方向集中是高新技术团队形成与发展的重要条件。第一，相对集中、稳定的科技创新方向应当成为团队成员的共同愿景，也是彼此间能够相互信任与合作的基础。第二，科技创新活动具有显著的综合性，必须使团队保持与任务相匹配的适度规模、合理的层次结构以及团队成员之间互补的知识能力结构。在人才吸纳方面，注重选拔对象的基础、潜质、志向及总体智能结构，形成团队后备人才库。而团队成员学历、职称、年龄结构合理的层次性对于团队长远发展至关重要。

四、加强自我建设

在高科技领域，高新技术团队作为组织的"顶梁柱"，要有相对独立的目标规划和发展路径，着眼高精尖技术，加强团队战斗力和自我建设，注重培育和引进顶尖科研创新人才，注重完善团队管理体制。比如，保持对社会发展的敏感性，紧跟国家发展步伐和战略需求，积极参与或建立相关领域科技创新平台或基地，构建科技创新协同运行机制，形成"求是""民主""开放""进取""卓越""协同"等现代高科技团队需要的创新精神与氛围，为团队持续创新提供不竭的精神动力。

五、设计绩效平台

绩效对于一个组织的重要性不言而喻。彼得·德鲁克认为，个体的绩效是由管理者决定的，"组织就是'让本不能胜任工作的人可以胜任'，这是组织最强大的力量，也是组织最具价值的地方……必须为每一个组织成员提供获得绩效的空间，设计让组织成员取得绩效的路径和方法①。"在绩效考核和日常管理中，高新技术团队有较大的灵活性和自主性。团队管理者要设计符合团队特点和任务性质的绩效平台，甚至针对不同任务方向的高新技术团队使用独门管理秘方。在高科技竞争日益激烈的时代，团队管理者要有为团队成员提供合适岗位、资源和机会的责任心。一是绩效平台设计以"能够促进个体力量与团队、组织力量聚合"为原则。设计绩效平台的团队管理者，必须对团队负责、有发展方向和对未来有谋划，能严于律己、率先垂范，善于沟通和说服教育。二是团队绩效平台是团队成员展示个人力量和团队管理效能的舞台，每一个人都要有更高、更根本的追求，而不仅仅追求合格和胜任。

总之，面对挑战与机遇并存的新时代，团队管理者不仅

① 陈春花. 激活组织［M］. 北京：机械工业出版社，2017：153.

要担当"引领型专家"和"思想疏导者"的角色，而且要注重通过每一日、每一事的个体—团队交互行为，树立"经验分享者"和"伙伴关爱者"的亲和形象，以真诚、耐心和包容赢得团队成员的认同和衷心追随。

第三节　个体层面

一、关注时代变化

著名管理学家彼得·德鲁克说："无人能够左右变化，唯有走在变化之前。"在社会大变革、大转型的时代，高新技术团队的成员只有积极向上，真正认识到工作的意义和价值并投入其中，才能驾驭高新技术领域的不确定性，团队和组织的根基才能稳。

二、管理个体期望

事实上，高新技术团队工作效果的好坏不仅取决于团队技术水平和管理能力，在很大程度上还取决于团队成员个体期望值的大小，因此，如何管理自身的个体期望非常重要。在个体价值逐渐崛起的时代，个体与团队、组织的关系的交易性更强，一旦体验到收入与付出不平衡或者自认为受到"不公平"的待遇，就会减少努力和对团队、组织的贡献。因此，建立个体与团队、组织之间基于心理契约的信任，达成彼此协调的状态，对于个体成长和团队、组织有效运转都至关重要。作为高新技术团队成员，必须对外部环境、行业、组织和团队发展状况、自身水平有客观而全面的认知，端正思想，摆正位置，正视自身需求，正确设置个体期望值。

鲁迅曾说过："愿中国青年都摆脱冷气，只是向上走，不必听自暴自弃者流的话。能做事的做事，能发声的发声，有一分热，发一分光。"个体与团队、组织、国家的发展紧密相连，锤炼专业本领是高新技术团队每一位成员的责任。无论是从国家民族复兴角度看，还是从组织、团队和个人发展的视角看，高新技术领域的人才都应当以更加奋进的姿态、勃发的英姿融入浩浩荡荡的历史潮流，创造新时代中国科技的辉煌战绩。

内容篇

第四章　高新技术团队构建与培育

如何构建高新技术团队，是高新技术团队管理理论和实践领域的中心问题。赵春明认为，传统团队管理研究主要通过角色界定、价值观、任务导向和人际关系等途径进行[①]，上述四种途径虽各有偏重，如价值观途径强调的是长期团队的培养，任务导向途径则适用于短期团队的培养，但它们的一个共同之处是都孤立地对团队建设进行研究。因此，他认为应当从组织（群集）的角度研究团队建设问题。团队建设不仅仅是团队自身的事情，作为组织间协调的参与者，还要从组织（群集）的角度考虑其建设问题，否则，其建设的结果未必适应组织（群集）的需要。受其启发，本书着眼组织环境和团队需求，构建和培育高新技术团队。

---

① 赵春明. 团队管理：基于团队的组织构造 [M]. 上海：上海人民出版社，2002：127 – 128.

第一节　高新技术团队构建的原则

一、环境单纯，氛围宽松

尽管团队构建的外部宏观环境不因人的主观意志而转移，但是高新技术团队的环境通常较为单纯，这也是科学技术本身的特点决定的。众所周知，科学技术的发展与创新需要工作者全身心投入和长期坚持，强调平等、尊重和崇尚荣誉。高新技术团队成员大多是探索者和跋涉者，团队要为其成员实现自我价值及职业发展提供良好条件。尤其当面对高精尖技术和科技创新中的难题时，要求团队的工作环境好、团队成员意志坚定、思想纯粹，"一切专注于科学技术攻坚克难"，各类行政事务等繁杂工作降到最少，并由专门的人员负责，创造宽松和谐的团队氛围，使得团队不仅是一种工作方式，还是一种令人满意的生活方式。

二、任务明确，自主性强

高新技术团队往往因任务而组建，科学技术的创新与发展是持续的创造性过程。组建高新技术团队要秉承"人本主义"，特别强调人的中心地位，人既是考虑团队活动的出发点，又是考虑团队结果的落脚点，团队活动及其结果都要充分满足团队成员的需要，有利于团队任务的完成。传统强调的"组织性""程序性"要与团队成员的需要结合起来，切忌"压抑人性"，做到既按制度办事，又能够促进团队的适应能力和创新能力。团队构建的初衷之一就是在团队成员自主思考、自主创新、实现个人进步的基础上，能够团结协调其他团队成员共同发展、共同提升，实现团队内部的高度"自治"和"协同共生"，创造人性化的团队环境。

三、能力为本，技管融合

构建高新技术团队的重要标准之一就是团队成员的能力及科技创新的专业本领，这是团队成员的一种核心能力。核心能力的大小决定了团队成员在团队中的"贡献值"及"不可替代的价值"，也影响到其他团队成员愿意与之合作的程度。如果团队成员没有核心能力，团队不过是一个散乱的"群体"而已。此外，高新技术团队的管理者较其他类型团队的管理者有其特殊性。鉴于如前所述的高新技术团队成员的特性，作为团队管理者，强调具备"技术型＋管理型"融合人才的特质。单一的"技术型""专家型"抑或"管理型"的管理者，在与团队成员、组织领导层取得"共情""相互理解""化解冲突"等方面困难较大，难以实现高效管理，甚至会放大矛盾冲突和增加阻碍。因此，对于高新技术团队成员，应以能力为本，对于团队管理者，应强调"技管融合"。

第二节 高新技术团队构建的要素

团队的构建要素是团队的基本构件。一般地，组织由人员、目标、资源及活动过程四部分组成，这对于团队的构成同样适用。但是，从高新技术团队的特殊性出发，可以认为，构建高新技术团队，必须重视团队规范、团队关系网络和团队工作方法，这三个部分是其初始构建及后期运行的核心要素。

一、团队规范

团队规范，指团队的价值观念与行为规范，属群体规范的范畴，在组织要素中，分别通过人员和目标反映出来。团队的运作特别强调合作、贡献、共享，而且整个过程体现为自我管理与相互协调，所以一套规范对它就显得尤为重要。弗里德曼（Feldman）认为群体规范具有四个功能，而且每个功能都有助于确保群体成员之间采取积极、一致的行动。

群体规范的一种功能是表现群体核心最重要的价值。群体成员可以借此指导自己的行动，并指导自己与群体外部的关系。群体规范的另一种功能是有助于一个群体界定哪些是成员间的适当社会行为，这有助于人员的社会交往。谢恩（Schein）后来证明，群体规范分为两种：核心规范和边缘规范。核心规范表达的是有关工作性质的最重要的核心观念；边缘规范则是有关一些小的问题如何处理的常规范式。在此基础上，谢恩认为，有些人是那种非兴奋型且可靠的人，遵守所有的规范；有些人只遵守核心规范，而拒绝遵守不适合自己的边缘规范，这些人是具有创造性的个体；有些人接受边缘规范，却不接受核心规范，处于"颠覆性的叛逆"状态；第四类人对这两种规范都持排斥的态度，他们完全与组织处于公开的对抗状态[①]。

　　高新技术团队的核心规范是：以共同任务为核心，以协同共生为发展理念，彼此依赖。团队鼓励那些高效的、愉快的、全面的工作行为。围绕任务的互相交往、工作中的相互鼓励支持以及协商式的解决方式，是团队规范提倡的行为。至于边缘规范，团队秉承"创造宽松氛围"的原则，对边缘规范并不强调，相对自由。

---

① 赵春明. 团队管理：基于团队的组织构造［M］. 上海：上海人民出版社，2002：135 - 136.

二、团队关系网络

团队关系网络可以分为团队内部关系网络和团队外部关系网络。从内部来看，主要是团队成员之间、团队管理者与成员之间的关系网络，如前所述，强调协调与相互支持、知识共享以及共同发展。从外部来看，主要是信息网络、知识网络和团队间关系网络。第一，信息网络。信息是现代社会的基本和核心构成要素，任何一个团队都离不开与外界的信息连接。需要注意的是，信息网络的连接要能以促进团队任务的完成、推动个人成长进步、扩展团队创新发展平台为要旨。第二，知识网络。高新技术团队赖以生存的"密码"就是知识和技术，所以，知识网络对于团队的构建与发展至关重要。高新技术团队不仅要与合作（潜在合作）对象形成知识网络，而且要与需求对象形成知识资源共享机制，从而更加精准地把握任务发展方向，高效完成阶段性任务。第三，团队间关系网络。团队间的合作对每个团队而言是运行中的常规行为，尽管合作对象每次都有所不同，但团队间的交往不间断。团队间的合作，要么是能力互补，要么是能力同质，彼此放大。

三、团队工作方法

（一）团队内部工作方法

对于高新技术团队而言，因任务性质不同，对团队成员的能力要求也不同。有的任务要求能力互补，比如某一大项科技研发任务，需要多专业知识支撑；而有的任务要求集聚同一领域的专业技术优势，比如某一微观领域的具体研究项目，针对性很强，专业要求单一，这时就要构建强强联合式的"集中型"团队。但是，不管是哪种类型的团队组合，都要靠全体协作，任何一个成员的工作效能低下都将影响到团队任务的完成。因此，团队成员要根据团队整体的工作情况自行调整自己的工作状态和节奏，保证团队任务高效完成。

（二）团队外部工作方法

第一，在与组织内其他团队合作方面，应在合理分配利益的基础上，以合作内容为中心，兼顾彼此团队的价值观和工作习惯；第二，在与组织外相关团队协调工作方面，沟通时要有明确的任务指向，尤其与关键的特定人员联系，一定要做足准备工作，实现有的放矢、高效交流与沟通。

第三节　高新技术团队构建的程序

　　注重核心能力集聚、优化团队工作流程、再造团队功能是组织升级换代和加强团队功能相互联系的三个方法：注重核心能力集聚具有引领性作用；优化团队工作流程具有工具性作用；再造团队功能体现团队原则、制度、精神等方面的落实。三者具有一致性、连贯性、完整性的内在的逻辑关系。

一、注重核心能力集聚

　　组织领导者和团队管理者要确认团队的专业能力和相关综合素养，尤其是与任务需要相关的核心能力，在人才挑选、配置、调整等方面，以核心能力集聚为准则，一切为高效完成任务布局和服务。

二、优化团队工作流程

　　高新技术团队既要重视对人才的培养和核心能力的集聚，又需要有宽松和相对自由的工作环境，因此要进行"流程改造"，对业务流程进行改造，使其符合能力再造的要求。

三、再造团队功能

通过注重核心能力集聚、优化团队工作流程，打破原有的组织内部功能和部门体系，形成跨部门和功能的团队。

第四节　团队目标

在高新技术领域，组建团队是组织领导者的重要工作，关系组织的运转效益和长远发展。在此过程中，组织领导者要树立科学合理的团队目标，并有足够的资源和手段达成目标，对待团队成员做到公开、公平和公正。一是所有团队成员都应当对团队的努力方向有一个明确的、统一的认识，经过充分讨论，谨慎确定完成时间；二是团队目标与团队成员二者具有独特的相互影响性，即虽然团队目标最终要由团队成员确定，但团队目标也能决定成员组成；三是为了更好地完成任务，应当科学界定团队目标，使其既具有挑战性，又具备阶段性和可实现性，将组织的一般目标和团队特殊目标结合起来。

第五节 团队培育

一、建立团队价值

高新技术团队自建立就具有独特的意义，但是只有将团队价值渗入团队日常管理和运行中，才具备可操作性意义。第一，释放人的社会性，肯定人性的正常需求。进入信息时代，社会环境要求个人、团队、组织都具有创新精神、创新能力和应变能力。团队效率的核心不仅仅是生产效率的问题，在创新、应对变化方面的效率更为关键。而要推动创新，就需要舒张人性，压抑人性必将压制创新。高新技术团队推崇任务核心，较少进行层级管制，更少有行政性、官僚性的控制，团队成员通过合作和沟通共同完成任务，有一个崇尚自由、平等、创新的环境。从这个意义上讲，团队的人性面是团队的价值贡献之一。第二，高新技术团队往往是一个组织的"命脉所系"，能增强整个组织对社会发展前沿和新兴事物的适应性，提高组织创新能力，促进组织根据社会需求转型。第三，从科技创新价值观和团队文化视角出发建立团队价值，主要通过加强有利于团队协作和运转的价值观及文化建设，创设良好团队氛围，增强团队成员归属感和获得感。

第四，通过弱化组织干预，增强团队自由度，创设自我管理型团队生态。传统的决策与权力结构对团队具有较强的规制与约束，而高新技术团队本身就面临很大的发展创新压力，无论从工作本身还是从人的需要出发，高新技术团队都倾向于"更自由的空气、更善意的引导、更真诚的鼓励"，因此，强化自我管理就成为团队价值的一个重要方面。第五，从团队考评与薪酬激励机制出发，建立催人奋进的管理模式，使其成为团队共享价值。对于高新技术团队而言，在一段时间内一无所获很常见，因此考评与薪酬激励机制对团队的影响非常深刻且现实。

二、摆正组织角色

团队是一个组织出于某种目的或任务需要而创建的，一个组织对于团队而言，是"上层领导机关"，是创建者、指导者和控制者。要想培育一个成功、有活力的高新技术团队，组织角色必须摆正①。

（一）对团队工作充满信心

有些团队管理者简单地认为有些个人比团队更出色，易

① 赵春明. 团队管理：基于团队的组织构造［M］. 上海：上海人民出版社，2002：149－152.

于管理且效率更高。有些团队管理者对团队的工作方式不满，比如花大量时间用于确定目标和讨论利益分配，过于自由散漫等。因此，组织领导者必须深刻理解团队的含义，认识到团队是独立的行为单位，一个组织只有组建一个强有力的团队，组织和团队的价值才能得到最大程度的发挥，从而团队成员建立对团队工作的信心。

（二）帮助团队缓解压力和焦虑

组织对团队要给予足够的支持，比如，从团队成员构成到团队运作方法培训，组织都应做出相应的配合；在施加重任的同时帮助匹配相应的资源，并给予其较大的自主性。

（三）推动建立自组织系统

摒弃传统的"点将法"，鼓励团队成员自愿"组团"、相互接纳，可以肯定的是，高度自治的团队不仅高效，而且能主动创造令人愉快的生活环境。

（四）杜绝官僚心态

高新技术团队是一个组织的"核心要害"群体，它的存在一定程度上是对组织领导者权威的挑战和消减，在这种情况下，组织领导者要秉着对工作高度负责的态度，为了组织的整体发展杜绝传统官僚心态。从任务需要而不是从个人好恶出发，正确使用权力，树立非权力性权威。

总之，对高新技术团队的培育和发展，组织负有不可推卸的责任，比如对团队建设过程提供指导、提供相应的政策和制度支持、给予相应的自主权和资源保证、提供应有的人员和部门配合、帮助设计科学合理的评价奖励机制、创设鼓励团队运作的文化环境、在团队自主与组织控制之间寻找平衡等，这些都是高新技术团队发展不可或缺的重要支撑。

第五章　高新技术团队冲突
与管理沟通

《研发组织管理——用好天才团队》一书中提到："以技术为基础的研发组织中较高级别的管理人员，不仅需要具备较高的技术，而且要具备较高的人际交往能力[①]"。这句话强调的就是沟通和交际能力，对于团队管理者同样适用。

第一节　高新技术团队冲突的特性

高新技术团队的冲突，既具备冲突的一般特点，又具备独有特点。

[①]　杰恩·川迪斯. 研发组织管理——用好天才团队 [M] . 北京：知识产权出版社，2005：7.

一、客观必然性

团队是人的集合体，发生冲突是必然的，高新技术团队也不例外，从组织角度来看，冲突通常是组织系统的复杂性导致的，主要体现在以下四点。第一，个体、团队和各类组织相互依存在资源有限的社会系统范围内，在动态变化的过程中，不可避免地发生冲突。第二，团队往往担负多项任务，发生冲突是经常的事情。第三，个体和团队处于不断变革的外部环境中，正如切斯特·巴纳德所指出的，以协商、强制、冲突为特征的各种社会模式是"在变化的环境中自由意志观念所固有的"。第四，团队成员之间的在工作目标认识上的差异、文化认同差异、沟通障碍等都会引发冲突。第五，组织在进行资源配置、权责分配、利益调节、人员安排等方面，当涉及不同团队之间和同一个团队内部的利益时，也不免发生冲突。

二、主观认知性

冲突归根结底是人与人之间的冲突，人们产生冲突的原因和处理冲突的方式不可避免地受其主观认知的影响。具体表现为以下三点。第一，团队中人与人的情况各不相同，每个人在需求、动机、目标、价值、性格、气质上存在各种差异，有差异就可能产生分歧。当这种分歧发展到一定程度时，就可能导致冲突。第二，人都是有情感的，而人们的不同情感倾向会使人际关系出现亲疏、好恶的差异，日积月累，人们在彼此互动的过程中也会形成冲突。另外，人们的情感可能使本来较单纯的工作冲突变得情绪化和非理性化，致使冲突加剧。第三，团队成员在不同的岗位上，其职责使命、认知角度、立场观点、归因分析、价值取向、行为方式等都可能出现较大的差异，进而可能导致冲突。以上种种情况都反映了冲突注定带有人为和主观因素。这就意味着，要做到完全客观地处理冲突是不可能的。在进行冲突管理时，应充分考虑到人的主观因素的影响。

三、技术障碍诱发性

高新技术团队的主要任务是进行科学技术的发展与创新，因此，团队成员之间的冲突很多是由于技术认知差异导致的。比如，对于某项技术的认知分歧可能会形成若干"技术认知一致"的"隐性团队"，即虽在编制或配备上属于同一个团队，但事实上无论在工作场合还是在私人交往中，团队成员都会不约而同更靠近"技术认知一致"者，这就不可避免会引发工作中的冲突。

四、管理之"道"差异性

在现实中，很多高新技术团队成员对于团队的管理者往往比较挑剔，要求他们"既要懂技术，又要会管理，最好是领域权威或专家，同时又具备丰富的管理经验，且为人正直富有智慧"，但组织在人事安排上往往达不到这个标准。于是，对管理者不满甚至当面质疑并爆发冲突，要求组织重新选派管理者的事情屡见不鲜。高新技术团队成员大多思想和动机比较单纯，不善妥协，只要与管理者的"道"不同，比如科研环境恶劣、受到的行政管制较多、氛围不和谐等，高新技术团队成员都可能在一定的情境下与管理者发生冲突。

第二节 高新技术团队冲突的原因

一、内部利益

高新技术团队是一种特殊的组织形态，但也是需要协调各种利益的混合体。团队利益通常包括个人利益、团队利益、小团体（团队内部的非正式组织）利益等，主要是经济利益和名誉、地位、成就感、幸福感等非经济利益。不同个人或小团体之间、团队与组织其他部门之间的利益对立往往是团队冲突最基本的动因。当他方意图被视为使己方利益受损，或者冒犯了己方关于公平与公正的原则，冲突就会发生。相对于一般的团队，高新技术团队需要面对团队发起人、内/外部关联方、组织领导层、其他团队、团队成员等多个利益相关者，其中的利益争执常常会导致高新技术团队产生内外部冲突。

二、目标认同

每个高新技术团队成员在参加团队时都对其他成员和团队整体抱有某种期望，这种期望如果与团队目标一致，自然皆大欢喜。但是，个人目标与其他成员目标或者团队整体目标一定会有差异，这种目标差异是团队成员与团队整体冲突的主要原因。而且，团队成员的目标越高或欲望越强烈，团队成员就越容易卷入冲突当中。

三、权力政治

权力在本质上决定了某个人或团队占有资源的程度，以及影响资源分配的能力。围绕资源安排所形成的势力范围、影响力、指挥链、习惯与传统等往往成为冲突的诱因。因此，一方权力被另一方削减或者权力失衡会导致较弱一方对较强一方加以抵制，甚至把冲突看作是提高权力的一种必要途径。对任何团队来讲，权力政治都是一个更为普遍的冲突来源。相比而言，高新技术团队的内部权力斗争比较弱化。"政治活动及其所引起的冲突通常是有关个人、团队甚至组织经受痛苦的根源。"很多学者认为，政治活动是一种自利行为，它包括很多不被团队认可的活动，例如常常为了自身利益而对人欺骗或玩弄，从而导致团队内部不和谐。当然也有一些学者认为，政治活动是一种自然的组织程序，用于解决团队内不同利益主体的分歧，恰当的政治活动有助于团队目标的实现。

四、文化差异

不可否认，文化对人的浸染、渗透和影响是无形的、深刻的、久远的。在探讨团队文化差异之前，有必要首先认识组织文化。美国管理学家戈夫曼·范麦内思认为："组织文化是人们相互作用时共同遵循的行为规范，例如使用的语言和遵从的行为与礼仪。"霍恩斯指出："组织文化是在工作团体中逐渐形成的规范。例如霍桑实验的继电器绕线机组观察室形成的'干一天公平的活，拿一天公平的工资'这种特殊规范。"迪尔、肯尼迪则认为，组织文化是一个企业所信奉的主要价值观，如"产品质量""价格领导权"等。威廉·大内明确给组织文化下了一个定义："一个公司的文化由其传统和风气构成。此外，文化还包含一个公司的价值观，如进取性、守势、灵活性等确定活动、意见和行动模式的价值观。经理从雇员们的事例中提炼出这种模式，并把它传达给后代的工人。"谢瑞顿和斯特恩对组织文化的定义涉及四个方面："书面和非书面形式的标准和程序，由现存的管理制度和管理程序构成的管理氛围，由管理作风和管理观念（管理者说的话、做的事、奖励的行为）构成的管理氛围，企业员工所共有的观念，价值取向以及行为等外在表现形式。"中国组织文化研究会认为："组织文化是在一定社会文化背景下的管理文化，既是一种新的现代企业管理科学理论和管理方式，又是一种精神动力和文化资源。组织文化主要通过精神和文化的力量，从管理的深层规范企业的行为，为实现企业的目标服务。"陈维政等人认为："组织文化就是一种以全体员工为中心，以培育具有管理功能的、系统完善的、适应性的精神文化为内容，以企业形成具有高度凝聚力的经营理念为目标，使企业增强对外的竞争力和生存力、对内的向心力和活力的管理思想和方法[①]。"高新技术团队作为一种临

---

① 陈维政，于凯成，黄培伦. 组织行为学高级教程（第二版）[M]. 北京：高等教育出版社，2015：453-456.

时性或半临时性的组织形态，必然受到组织内部主流文化和亚文化的双重影响，在组建之初就会形成一套团队成员共同认可的管理规范和价值观体系。但是高新技术团队工作复杂，其成员不仅来自同组织的不同部门，而且可能有其他组织的相近领域人员，有时还会异地办公，形成虚拟团队，这就导致在扩大团队运作边界、增强团队创新能力、增进交流和开阔个人眼界的同时，难免导致冲突或争执，影响团队工作效率。

第三节　管控冲突

既然冲突是不可避免的，那么管控冲突就成为必须修习的一门功课，管理者和团队成员都要为此付出努力。

一、管理者克制与团队成员冲突

管理者要保持克制和清醒，减少与团队成员的冲突。团队管理者不仅要维持团队高效运转，而且需要执行组织层面的战略意图和总体规划，监督并指导团队成员，在此过程中，其行为难免有与团队成员期望相背离的地方。尤其是在团队组建初期，管理者和团队成员互相摸不清彼此的底线和核心关切，冲突难以避免且很难控制。作为团队管理者，要负起首要责任，控制冲突的程度和发展方向，并且最大限度地预防冲突，避免在更高一级的组织中发生冲突。

需要注意，团队管理者与团队成员之间的任何冲突（无论是否公开）都会对团队士气、工作氛围和内部关系产生负面影响。作为管理者既不能倚仗管理权力强势做为，又不能无原则让步，过于"示弱"，要认清冲突的原因和性质，采取合理的化解手段，既要情理并用，又要懂得克制，谨慎行事，在必要的时候要敢于依靠组织，从整体上把握冲突。

二、谨慎处理团队成员之间的冲突

管理者要认真辨别成员之间的冲突，以积极的态度和合理的方式谨慎介入。高新技术团队成员大多思维敏捷，有主见、有想法，有很强的自主性和自尊心，管理者对于成员冲突的控制力较小。当团队成员之间发生冲突时，管理者既要保持冷静和审慎态度，又要积极介入。可参考的正确做法有以下三种。第一，鼓励冲突双方发表不同意见，让他们公开而直接地面对冲突，清楚地让所有人知道，当他们有任何不同意见或心里有丝毫疑惑时，就应该直接说出来，当面解决，这是每个团队成员应有的责任。第二，多听多观察，减少语言表达，保持必要权威，在所有事关冲突的团队成员都表达意见后，再有理有据地提出自己的想法，也可以"让子弹先飞一会儿"，事后等他们冷静下来再处理。第三，厘清冲突发生的原因，到底是因为事实、目标、方法还是价值差异，而后有针对性地解决冲突问题，在此过程中，管理者有责任引导团队成员专注于现实工作上的讨论。

三、完善团队规则

团队冲突有些是由规则不完备、工作范围有重叠、彼此理解偏差造成的。比如，两个人要共同为一件事情负责，但职责并不清晰，工作方式、态度又相差很大，会有一方认为吃了亏，甚至双方都觉得不公平。在这种情况下，应采用以下四种方式。一是明确工作范围，重点关注工作领域中有交叉或者业务协调交流较多的团队成员，尽力降低冲突概率。二是管理者应当在团队中倡导坦诚沟通、互相帮助的工作氛围。把事情讲清楚，误解和冲突的概率将会大大下降。三是管理者要明确"什么样的行为被鼓励，什么样的行为要被批评和惩罚"。四是建立人员流动机制，包括合理的退出机制和科学的吸纳机制。比如，如果某一位团队成员实在不适应或不喜欢在某团队工作，可以申请调换团队或岗位，从容离开，正常换岗，这对个人和团队都是有益的。

四、优化团队结构

通过重新设置团队岗位和权责利关系、调整阶段性工作目标、重组团队成员等方式，优化团队结构，改变旧有团队关系和部分规章制度，确保职责无空白、无重叠，打破原有的平衡和利益格局，主动控制冲突，减缓导致冲突发生的一系列问题发生，消除冲突双方不良的协调机制。

五、开发潜在资源

从广泛的意义上讲，人类冲突常常是由资源匮乏引起的。就团队而言，因资源引起的冲突同样屡见不鲜。比如缺乏资金，可以向组织申请或与其他团队联合，以提高资源使用效益的方法获得资金，缓解矛盾。又如缺乏人才，团队可以通过外聘、内部调动等方式引进新人。引进新人作为激励现有成员的作用机制，被人们称为"鲶鱼效应"。其机制在于通过从外界招聘或内部调动的方式引进背景、价值观、态度或管理风格与当前团队成员不相同的个体，增加团队中的新思维、新做法，造成与旧观念的碰撞刺激、互动，从而激发团队成员的潜质和工作动力。上述冲突看似很现实，但相比因人际关系紧张造成的冲突，实则更易处理和解决。

第四节　高新技术团队管理沟通的原则

一、主动性

在沟通方面，高新技术团队管理者要做"先行者"，比如，提前做好工作安排和相关要求，而不是等团队成员来问。当然，管理者不可能事事都能想周全，但是把90%的工作预先安排好是应该的，剩下的10%可以通过团队成员反馈不断改进和完善。高新技术团队成员大多具有理工科学习背景，总体上性格不张扬，甚至有些偏内向，不善言辞，如果大多数团队成员都不会主动沟通，工作将会有阻碍甚至停滞。因此，高新技术团队管理者在面对众多技术型人才时，在管理上要做到主动出击、主动谋划，确保团队沟通渠道顺畅，工作高效。

二、准确性

冲突往往产生于误解和模糊表达，沟通效果在很大程度上取决于沟通的准确性。在分配任务时，管理者要把要求说清楚，站在团队成员的立场上，提前预估管理对象可能会问什么问题，思考沟通对策，提高沟通效率。

三、及时性

团队成员配合良好的要点之一就是能够对彼此关切、要求、建议、疑惑等及时响应。特别是在跨团队合作中，沟通因素更多，如果各方不能及时响应，沟通会迟滞，进而影响工作正常开展。因此，沟通特别讲究时机，"过期不候，过时无效"。比如，团队成员的建言献策水平很高，管理者想表达赞美之情，这个赞美就有时间的限制。越小的事情，可沟通的时间段就越短。如果过了很长一段时间再回过头去赞美某位员工的某份报告写得好，不仅无效，当事人还会觉得莫名其妙。

四、引导性

团队管理者在沟通的时候，要把握大局，引导团队去执行，同时，也不要太强势。道理再好，也需要个体认同。如果团队成员一时没有理解，管理者要给他们时间。如果管理者能够引导着员工，让他们自己推导出最终的结论，那样的结论最受欢迎，不必管理者多费口舌。《质量免费——确定质量的艺术》中说："你必须温和地引导人们走向他们已经知道是对的东西，否则他们是不会合作的①。"

第五节　高新技术团队沟通的路径

一、建立团队成员对目标和价值的共同理解

团队的主要特征是团队成员有共同的工作目标和方法，并互相承担责任。合作与竞争理论认为，每个人都是自利的，每个人对别人的行为和感受依赖于他们感知相互间的利益是合作相关还是竞争相关。当人们认为他们之间的目标是正相关时，团队合作行为就产生了。那些互动好、认同共同目标、资源整合良好的团队往往是高效能团队。

二、提高团队内聚力

无论是认知冲突还是情绪冲突，当团队成员意见发生分歧时，团队内聚力是避免个体过激反应的有效缓冲。具有内聚力的团队成员，即使存在意见分歧，也很少将分歧针对个

---

① 蔡为东.行之有效：IT技术团队管理之道［M］.北京：电子工业出版社，2012：223.

人，当团队成员相互批评时，同样很少会对批评产生猜忌。具有内聚力的团队对争执和不满有更多的宽容和接纳，能够弱化很多负面影响。

三、增强团队成员协同

团队成员之间较高程度的协同性是降低冲突程度的重要因素，尤其是当团队公开交流较多时，增加协同有助于提高团队决策的合理性。对于高新技术团队，同一组织内部各团队之间各自为政的情况相当严重，团队管理者之间的隔阂和矛盾造成部门间冲突与对立的情况很常见。受传统文化、利益驱使、技术门槛抑或技术偏见的影响，高新技术团队管理者通常会坚定地捍卫所辖部门或相关部门的利益，有意无意地秉持本位主义，在组织内形成不同的"山头"或"派系"。这与现代管理所倡导的"基于合作的共同管理共同决策"相背离，造成个人利益损失或团队间利益冲突，最终损害组织整体利益。

四、形成团队成员公开交流的行为规范

在高新技术团队，如果是资历深厚的技术权威作为团队管理者，常常出现一把手的"一言堂"现象，团队其他成员

不敢或不能发表自己的意见。再则，高新技术领域其实是一个相对狭窄、进入门槛较高的领域，在为数不多的同行内，因担心被猜疑、不信任或害怕报复，沟通双方常常隐瞒重要信息，不提出真实想法或发表正面意见，而是转为背后或私下指责，这些为冲突埋下隐患。因此，在高新技术团队中制定坦率、公开讨论的规范是当务之急。

五、探寻合适的团队规模

从人员构成的角度考虑，现实中很多高新技术团队的人员结构不合理，背景单一，尤其缺乏跨界和国际化的能力。从规模来看，虽然规模大的团队比规模小的团队可能会拥有更多知识和技术源，但团队成员多会出现"搭便车"（社会惰化）现象，这增加达成团队共识的难度，难以形成凝聚力、忠诚感和相互信任感。相反，如果团队规模过小，与任务不匹配，团队目标的达成会受到影响。因此，合适的团队规模是高新技术团队在沟通中要关注的问题。

第六章　学习型高新技术
团队建设

　　有学者认为，团队作为群体的一种特殊的形式大致经历了由传统团队到学习型团队的演变过程。传统团队实际上是我们通常所说的工作团队，它是一种个人之间的松散联盟，是一个不太强调合作的小型群体。学习型团队是介于组织和个人之间人数较少、有共同目标和责任、有一定程度授权、成员角色多元化并不断学习的特殊群体①。

---

① 肖余春．现代企业创建学习型团队的理论与应用研究 ［D］．上海：华东师范大学，2002：9－10.

第一节　学习型团队理论概览

一、学习型组织

从学习型组织的概念提出到现在，国内外很多学者研究学习型组织并分别给出定义。佛瑞斯特首先提出学习型组织的概念，认为学习型组织是具有组织结构扁平化、信息化、更具开放性、不断学习、员工与管理者的关系逐渐由从属关系转向工作伙伴关系等特点的组织。彼得·圣吉在《第五项修炼》中系统阐述了学习型组织。他指出："人类群体危机最根本的症结何在？在于我们片断而局部的思考方式，及由其产生的行动；它造成了目前切割而破碎的世界，使我们丧失了群己的一体感。"他认为，学习型组织是指通过培养弥漫于整个组织的学习气氛、充分发挥员工的创造性思维能力建立起来的一种有机的、高度柔性的、扁平的、符合人性的、能持续发展的组织。这种组织具有持续学习的能力，具有高于个人绩效总和的综合绩效。彼得·圣吉总结了学习型组织的内容，即学习型组织的五项修炼：自我超越、改善心智模式、建立共同愿景、团队学习和系统思考，在这五项修炼之中，核心是系统思考，它是其他四项修炼的基础①。

马恰德（Marquadt）认为，系统地看，学习型组织是能够有力地进行集体学习，不断改善自身收集、管理与运用知识的能力，以获得成功的一种组织。沃特金斯和马席克认为，学习是持续性的，可以战略性地加以运用，而且可以统一到工作中或者跟工作同时进展。学习不仅导致知识、信念、行动的变化，而且增强了组织的革新能力和成长能力。因此，我们可以把学习型组织定义为把学习共享系统组合起来的组织。鲍尔·沃尔纳（Paul Woolner）认为，学习型组织就是把学习者与工作系统地、持续地结合起来，以支持组织在个人、工作团队及整个组织系统这三个层次上的发展。鲍尔·沃尔纳的定义是将学习与工作融为一体。加文（Garvin David A）认为，学习型组织是一个善于获取、创造和运用知识，并根据新知识和远景目标调整自己行为的组织。陈国权认为，学习型组织是指能够有意识、系统和持续地通过不断创造、积累和利用知识资源，努力改变或重新设计自身以适应不断变化的内外环境，从而保持可持续竞争优势的组织。周德孚认为，学习型组织的缘起应包括七个方面：传统管理理念亟待变革、企业竞争日趋激烈、创新成为企业发展的关键、人们

---

① 彼得·圣吉. 第五项修炼：学习型组织的艺术与实务 ［M］. 张成林，译. 北京：中信出版社，2009：7－12.

的价值观发生了深刻变化、当代终身教育思想的广为传播、对企业经营者素质的更高要求、对"人是企业最大资本"的观念形成共识①。

尽管学者们的定义偏向不同，但可以看出学习型组织是一个拥有共同愿景，能自我管理、自我学习、自我成长的组织，通过不断学习与变革应对外界变化，集中体现在对信息的快速获取和共享、快速学习新知识的能力以及团队的创新能力。学习型组织注重挖掘人的潜能，通过团队学习和系统思考，使全体成员共同致力于组织的发展，从而激发出变革的力量。可见，学习型组织属于非等级权力控制型组织。

二、学习型团队

学习型团队在 20 世纪 80 年代盛行于日本，90 年代在美国流行开来。这时团队已演变成现代意义上的团队，并逐渐成为一种理论流派。肖余春在博士论文《现代企业创建学习型团队的理论与应用研究》中给学习型团队下定义：学习型团队是介于组织和个人之间的人数较少、有共同目标和责任、有一定程度授权、成员角色多元化并不断学习的特殊群体。

---

① 王所. 基于学习型组织理论的大学学科团队建设研究 [D]. 西安：西安建筑科技大学，2015：9 - 10.

为了进一步区分传统团队和学习型团队，肖余春从工作要素
的角度阐述了企业中传统团队和学习型团队工作要素的区别，
如表6-1所示，并研究了传统团队与学习型团队的基本差
异，如表6-2所示。

表6-1 传统企业和学习型企业中团队的工作要素

工作要素	传统企业	学习型企业
职位设置	一个对应一个职位	团队和协作
组织结构	垂直、层次较多	水平、层次较少
报酬	有规律地提高工资	基于业绩实行奖励工资制
决策	自上而下	共享
工作职位稳定程度	终身制	不确定
监督	严格监视	协调
顾客	抵触	合情合理
培训	无计划	与核心业务密切相连

表6-2　传统与学习型团队的基本差异

	传统团队	学习型团队
目标	融洽共生	提高业绩
领导方式	正式任命的领导	轮流制或项目领导
级制	较高层级或专业层级	所有层级
评估手段	我们感觉如何	我们做得怎样
培训	团队建设小组，处理人际关系的技巧，个人成长	团队技能，质量工具，沟通技巧
与固定职位关联度	很少/没有	新职位名称和功能
报酬	有规律地提高工资或发放奖金	基于团队业绩和团队整体绩效调整
时间跨度	临时性	永久性
成绩评估	个人	团体
员工关系	日常工作质量	对于团队的结构和业务需要

可以看出，传统团队的外延更加广泛，注重团队协作，而学习型团队的内涵更为丰富，在注重团队协作的同时更注重业绩。在传统团队中，团队成员完成一定的任务，并以自己的任务和行为影响潜在的其他成员。而学习型团队的含义不止如此，还更多地体现出团结、合作、参与、共同目标等精神象征。学习型团队一定是一个正式的工作群体，但并不是任何一个正式工作群体都可以称为学习型团队。一群在一

起工作的人，尽管他们很友好，但是各自完成着各自的任务，这也只是一个工作群体或传统团队，而不是一个学习型团队。学习型团队的运作方式与传统团队有所不同，学习型团队往往是跨功能、跨部门，由不同背景的人组成的协作体，通过互相补充、相互激发各自的潜力完成特定的任务①。

第二节　学习型高新技术团队的基本特征

高新技术团队是一种特殊的组织形式，是典型的知识团队、学习型团队，拥有一致的团队目标和共同理想，集中体现了自主性和创新性。

一、学习型高新技术团队的内部特征

从学习型高新技术团队内部来看，特征主要有以下五个。一是保持适度规模和合理授权，以便保证有效沟通交流。团队规模大小由很多因素决定，但主要是由团队任务性质和需求决定的。高新技术团队的高度自主创新性决定了团队对上

---

① 肖余春. 现代企业创建学习型团队的理论与应用研究［D］. 上海：华东师范大学，2002：11 - 17.

具备较多自由发展权，对下在业务范围内允许其拥有充分的自主决策权。二是组织价值观与团队成员的动机、个性高度一致，这是确保团队有效学习和共同进步的根本动力。三是有专业能力和业务之外的综合素养，包括战略意图领悟能力、应变能力、共同决策能力和人际关系能力等。四是团队成员共同设立有意义的远景目标和可实现的阶段性目标，激发团队精神和斗志，避免工作流于形式，并能在较短时间内树立团队信心。五是有明确的权责关系、工作程序与方法，这是增强彼此责任感，使彼此相互依赖、协同工作的重要制度保证。

二、学习型高新技术团队的外部特征

当前，组织和团队处于一个技术不断革新的时代。学习型高新技术团队成员日趋多元化，其素质和能力不断提高，独立性增强，希望参与团队决策和自主进行外部交往的愿望愈加强烈，他们更倾向于自己采取行动，自我管理，自我规划。高新技术团队作为学习型团队的一种，具有特殊的对外行为方式。首先，专业领域的联合性。团队之间的结合建立在平等的合约关系上，结合在一起的目的是能力（功能）互补或扩增。因此，团队之间的行为首先是专业能力的联合。所谓联合并非指不同团队能力的简单组合，而是在相互尊重、互利平等的基础上，互为对方提供专业领域服务的过程。其次，部分游离于组织以外的团队自主性。高新技术团队拥有更多自主权表现为团队自主决策权和自我管理权，组织一般不会横加干涉，这体现了高新技术团队的价值，也是学习型团队的最高形式。最后，团队行为的环境适应性。高新技术团队作为该领域内平等的社会性主体，以自身专长赢得社会伙伴，从其他团队获得所需能力和资源。这一过程的实质在于，对于其他团队或组织而言，该团队的社会行为具有协调性、平衡性和共生性。

第三节　学习型高新技术团队建设

一、构建原则

构建学习型高新技术团队需要考虑以下几个原则①。

（一）共同愿景最重要

任何一个团队都是由目标、人、定位、权限、计划等 5 个要素组成的。没有共同目标的群体不能成为团体。共同愿景就是所有成员为之不懈努力奋斗的共同目标。在学习型高

---

① 朱立松. 青岛 HI 公司研发团队［D］. 济南：山东大学，2014：31.

新技术团队中，树立共同愿景是首要的、根本的。

（二）团队层级最少

传统严格的等级制度能够保证整齐划一的团队执行，但却不利于学习型团队的构建与发展。学习型高新技术团队应该尽可能地减少中间层级，减少信息流通的中间环节，方便管理者和基层团队成员之间实现信息的高效交流与共享。团队层级最少一方面能够降低信息流转过程中可能出现的偏差，另一方面增加了信息的透明度，提高了团队成员的积极性和主动性，有利于开展各种创新活动。

（三）知识价值最大化

构建学习型团队的目的是要充分发挥知识的价值，为团队和组织创造更好的绩效。学习型高新技术团队要有助于发挥知识的最大价值，并最大限度地发挥知识的潜在价值。

（四）管理系统灵活化

学习型高新技术团队面临的社会环境和市场环境较其他领域的团队更加艰难，团队和组织要想生存和发展，必须具备快速响应能力，对科技发展、前沿技术以及国际环境的变化快速回应，管理系统要迅速调整战略选择，团队组织方式和构建方案必须具有一定的灵活性和扩展性。

二、构建策略

学习型高新技术团队建设是一项复杂工程，不仅涉及团队内部的改变，而且需要组织系统的改善和支持；既需要组织评价机制的转变，又需要团队管理观念的适应；既需要转变管理方式，又需要转变相处模式；既需要加强个体自主权利，又需要彼此加强合作，共同分享成果。

（一）完善评价机制

评价机制影响和限制着团队成员的工作方法、行为和努力重点，规定了个体学习的内容，对学习型高新技术团队建设来说是一个决定性因素。所以要建设好学习型高新技术团队，就必须从这一决定性因素出发进行调整。学习型高新技术团队注重团队成员自主学习、团队学习、系统思考意识和能力的培养，评价机制应该围绕学习型高新技术团队的培养方式进行调整，设置能够考核个体学习能力、合作能力、思考能力、行动能力的指标或项目，或通过集体协作的方式进行考核，优化考核时间或周期，关注考核的阶段性变化等。

（二）改变管理观念

传统意义上的管理充满了"指令式、命令式、指挥式"色彩，要建设学习型高新技术团队，必须改变旧有管理观念，充分认识、尊重并相信团队成员的自主性、发展性和自我管理能力，为个体发展提供更广阔的平台和空间。要打造扁平化团队和组织结构，使团队成员的想法能够通畅地融入团队管理决策中。团队管理者不能将团队成员视为制度规范的对象，而应将其视为学习的主体和团队生活的参与者，鼓励其思考、表达和共同决策，在团队建设和管理的过程中，科学合理地采纳团队成员的想法，让他们实实在在地成为学习型高新技术团队建设的主体。

（三）改变个人学习方式，提倡主动学习和自我超越

长期以来，我国传统的学习方式是一种接受性的学习，"灌输—接受—提取—输出"成为一种固定的知识获取模式。这样的传授方式虽然有利于知识的直接传输，成本低且效率高，但无法满足学习型高新技术团队建设的要求。面临日益激烈的科技竞争，应当改变这种单一的学习方式，团员通过发现、思考、决定、操作等多种灵活的方式，强调启发自觉，自主培养学习能力，通过自我评价与反思，实现自我超越，从而实现团队提升。

（四）打造学习共享平台

学习型高新技术团队要秉持开放务实的态度，与组织领导者积极沟通协调，推进以组织为整体的学习、思考与知识分享，从组织整体出发进行学习规划和操作；在组织内部搭建经验分享平台，对各个团队合作的过程和成果进行分享，打造学习型组织文化，形成良好的学习风气，并从意识文化

层面对组织成员进行潜移默化的影响和熏陶，使其工作与学习紧密连接，不由自主地想要自我超越，想要团队学习，能够系统思考，这对于开阔团队成员眼界、扩充知识面具有重要作用。

应用篇

第七章　指导式管理

在我国走向现代化的过程中，人们的独立、自主意识越来越强。对于高新技术团队成员而言，与科学技术相关的工作需要更多思考和想象空间，需要宽松的工作氛围，此外，大多数团队成员的敏感性、洞察力和民主意识比较强，注重精神层次的需求，而现实工作和生活又充满了诸多矛盾。毛主席曾指出："企图用行政命令的方法，用强制的方法解决思想问题、是非问题，不但没有效力，而且是有害的。"因此，管理者要注重理顺人心、调配资源、化解矛盾，团队管理方式从工业社会初期重视量化、工具化的刚性管理转向"适度宽松""刚柔并济"的指导式管理。相对于刚性管理"命令—服从"管理方式的强制性和不可抗拒性，指导式管理具有更广泛的群众基础和更深刻、更持久的影响力。

第一节　指导式管理的内涵

　　"指"有"点明、告知"之意，强调影响和促进，"指导"意为"指引、教导"，作为名词，与"教练"同义。从个体与团队层面来看，指导式管理主要包括三个方面。第一，围绕团队的工作计划进行，主要根据组织目标、团队任务和成员知识技能等因素，确定每个成员的工作责任，并制订相应的工作计划和报酬分配方案。第二，围绕工作过程进行，主要根据团队分工展开工作，这是一个动态的内部运作过程，有合作有冲突，需要不断进行沟通和学习，它对外界是不透明的。第三，围绕考评与总结进行，主要涉及四项内容，一是经验总结，是对团队在完成这次任务中有关工作安排、管理等方面经验的总结，它对团队今后的工作非常有益；二是知识积累，主要是对完成任务过程中形成的新知识的归纳和总结；三是任务成果，主要是团队完成的具体工作；四是报酬分配，这个方面是连贯一致的，既相互制约又相互支持。从企业的层面来看，应该针对这个方面，以指导为主采取相应的管理方法，主要是确定团队的任务目标、建立以绩效为基础的团队工资制、提供必要的资源保障、充分授权、创造合作的文化氛围、集中对团队知识的管理①。此外，还有较为接近的教练式管理，认为教练的本质是"释放人们的潜能，帮助人们自主学习、挪去障碍、提升表现和持续成长"。管理者如果运用教练式管理与下属互动，下属就会逐渐提升工作意愿和工作能力，整个团队就能转向更健康的发展轨道。总体来看，虽然学界没有正式提出指导式管理的概念，但是与指导式管理接近的诸如"自主管理、服务型管理、人本管理、柔性管理"等理念已广泛应用于中小学和高校等教育教学领域。

综上所述，团队指导式管理在组织和团队规章制度的基础上，为团队工作创造宽松的环境，采用引导的方式落实管理职能，从而激发团队成员主动提高专业能力和综合素养，保持活力，更好地完成团队任务。指导式管理是用一种润物细无声的方式，使组织制度和管理者意志在团队成员心中形成深刻、持久的影响，把追求组织和团队目标变为人们的自觉行动。概括起来，指导式管理是更多宽松、更少强制；更多框架，更少细则；更多整体、更少局部；更多柔性、更少刚性；更多统一、更少割裂；更多共情、更少孤立；更多交流、更少命令；更多和谐、更少冲突；更多内在疏导、更少

---

① 夏功成，胡斌. 高新技术企业知识团队管理模式研究 [J]. 科技进步与对策，2005（6）：21 –23.

外部压力。由此可见，指导式管理弱化了传统管理由上及下的金字塔管理模式对团队成员的束缚，更加重视个人意识和个人思想，努力在规则与情感间找到平衡，这样一来，团队成员的工作积极性不仅是持久的，而且具有抗干扰性，也更有承受力。

第二节　指导式管理的作用

指导式管理是在尊重人的心理和行为规律的基础上的适度"放权"管理方式，相比传统权威环境下的服从式管理，在人们心目中更能产生一种潜在的说服力，对提升团队士气和活力具有重要作用。

一、快速实现与外部环境同频共振

指导式管理具有管理方式灵活、工作效率高、个人自由度高等特征，能够彰显并强化个人价值，促进个体培养敏锐的洞察力和行动力，以及勇于直面问题、善于解决问题的良好工作作风，使人更快更好地适应外部环境，并在周围环境发生变化时做出积极、正确的回应，进而提前预防工作中可能出现的问题，有效激励和引导团队成员提高工作积极性和主动性，从而高质量地完成工作任务。

二、提升团队资源整合效能

指导式管理关注个人发展，强调尊重、公平和机会平等，注重培养团队成员的职业敏锐度、观察力和创造力，不仅能在制度和规则的基础上配置资源，而且能通过团队成员之间的良性沟通、综合团队现实和个体互动情况，提升团队所属各类资源的运用效率。另外，指导式管理从实质上减少了管理流程和管理层级，不仅节省信息传递时间，提高信息传递准确率，而且能增强个体的执行力，节约团队成员的时间和精力，有利于团队更准确地发现其成员在工作、生活中的困难，以及职业发展需求，进而通过调岗、培训等方式，做到人岗匹配，这不仅能够有的放矢地锻炼团员的业务能力，不断挖掘其个人潜力，助其实现职业理想，而且能从根本上解决金字塔管理模式下容易出现的信息延误、信息失真等问题，提升团队资源整合效能，拓展团队发展空间。

三、满足团队关系调整需要

人才是发展的根本动力，团队的人员组成是团队发展的核心支撑力量，而良好的团队关系是打造团队竞争力的重要因素。随着网络下沉时代来临，信息传播速度呈指数级增长，传播方式变得多样化，人们的社会认知能力和认知层次逐渐提高，团队成员的个人世界更丰富也更独立，工作理念更务实也更自我。团队、组织与员工的关系，已经从传统的雇佣关系逐渐变为平等的相互需要、协调合作的共赢关系。指导式管理偏重宏观指导，对于团队内部日常运转的管理较为宽松，和谐的工作氛围能够增加团队成员对于自身权利的拥有感、尊重感和获得感，有利于形成更为紧密的工作关系，推动团队与个体共同发展。

总之，指导式管理有利于解决在发展过程中遇到的各种矛盾和问题，能够有效增进团队成员之间的情感，激励和引导全体成员和谐互助，使其全身心投入工作，共同发展，从而增强团队和组织的凝聚力。

第三节　高新技术团队应用指导式管理策略

一、遵循以人为本原则

实施指导式管理，首先要转变管理理念，真正做到以团队成员为根本，将每一位个体作为创造团队竞争优势的核心力量和主要来源。一方面，完善相关制度和政策，提高对人才的吸引力；另一方面，根据团队成员所担负的任务实施科学的绩效管理方法，采取较为宽松的日常管理措施，以及合理的情感治理办法，在团队内部建立起一种积极向上的工作氛围，将高新技术研究和攻关的压力转变为自然向上的动力。从管理层到基层，全体成员勠力同心，共同发展，创建团队独有的精神文明，形成一整套团队文化规范、舆论情感、道德建设与行为准则，并通过其约束作用，帮助建立团队内控意识，推动形成严格的自我约束、自我管理机制。培育团队成员的责任感与工作热情，使其自觉贯彻规章制度，凝结工作意志，在人人受重视、人人受尊重的团队氛围中发挥潜能，使团队除了在高新技术的专业领域取得进步，还能展现良好的精神风貌，获得可持续发展的重要动力。

二、确定团队任务目标

团队领受的任务和奋斗目标是团队工作的直接依据、根本指引和灯塔，因此，在团队组建初期，组织层面要充分讨论，与团队核心成员协商确定任务和目标，充分吸纳相关人员的意见。需要注意的是，团队的目标并不总是同组织目标相一致。在高新技术领域，当组织内部出现多个专业团队时，各团队可能出于狭隘的本位主义思想，在团队运行过程中自觉或不自觉地偏移组织整体目标。这就要求团队管理者充分了解团队目标，及时主动矫正团队目标与组织目标的差异，在二者之间寻找平衡，同时协调团队的短期、中长期发展目标。还要考虑到一些不确定因素的影响，在团队目标的设置上增加一定的弹性，比如设定若干项必须完成的任务目标（基本目标），以及可以按一定比例完成的理想目标，从而增加团队工作的灵活性和应变能力，也便于组织领导者进行宏观调控，及时矫正方向，稳定组织整体。

三、优化团队结构和构成

从组织角度来讲，依据权力等级设置金字塔式组织结构是传统组织运行的通行做法和基本保证。但在这种结构下，信息从基层部门传递到组织领导部门需要经过的环节很多，耗费的时间也较长，各部门、各团队的协调工作难度大，不仅容易造成信息失真，而且会影响组织的反应决策速度，因此要优化组织结构，在纵向使其扁平化，简化管理环节，在横向上也要打通关节，提高信息传递能力和反应能力，加强部门沟通交流和协作互助，为组织管理和团队工作开辟道路。从团队角度来讲，通常以专业领域或特定任务为基础进行组建，受层级管理的影响并不大，但其内部结构和人员组成几乎决定了团队工作是否能顺利开展、团队目标是否能如期完成，因此，指导式管理不倡导过多介入具体业务，但要在团队工作的全过程始终重视选人、用人、培养人，根据实际工作表现适时调整优化，更好地体现指导式管理"抓大放小"的优势。

四、完善工作设计和人才配置

首先，指导式管理的初衷之一就是要考虑团队成员的个人意愿和自我价值。高新技术领域的工作往往枯燥，管理者要适当地丰富工作内容，为团队成员提供更大的发展空间和更多的尝试机会，提高高新技术领域工作原本就具有的挑战性与刺激性，使团队成员充分发挥出自身的专业能力，获取更大的个人成就。此外，还要为团队成员提供更多工作轮换机会，合理实施弹性工作制，在工作秩序、攻关速度、工作方式等方面给予个人更大的自由，比如采用角色描述的方式代替传统的工作描述，增强团队成员之间的合作意识与默契程度。其次，指导式管理注重宏观和关键层面引导，对具体操作和微观层面的管理相对宽松。但是，传统的工作设计往往从管理层需求出发，工作内容描述过于关注形式是否规范，细致有余而弹性不足，忽略了工作设计原本应具备的灵活性。特别是在精细工作描述的基础上所构建的绩效考核体系，往往不能更全面地考虑团队成员的发展需求，这不利于解决越来越复杂的高新技术问题，更不利于鼓励创新，很难对团队精神起到鼓励作用。最后，高新技术团队的业务模块一般都很清晰，所依托的科学技术细分专业领域也很明确，这就要求各类业务模块与人才资源精准配置。唯有如此，宏观引导才能做到有的放矢，微观放手才能有所依托，指导式管理才具备可发挥的空间和条件，才可能真正有效果。要做到这点可以从两方面入手，一是团队管理者要分清业务模块及其人才需求，做好薪酬分配、岗位设置等工作；二是摸底现有团队成员的个性特征、专业特长和发展意向，帮助其做好职业生涯规划，同时关注环境变化，使技术业务模块与人才资源精准匹配，既保护团队利益，又兼顾个人发展，使每一位团队成员都能全身心投入工作，从而保证工作质量，实现共同发展，共享成果。

五、建立合理匹配的目标管理机制

德鲁克在 1954 年的《管理实践》一书中首次提出"目标管理"的概念，并没有对这个概念下十分清晰的定义。他认为，目标管理顾名思义就是"管理'目标'，也是依据目标进行的'管理'"，强调以目标为导向、以人为中心、以成果为标准，帮助个人和组织实现最佳效益。总的来看，德鲁克认为目标管理实质上是一种管理哲学，建立在对管理人员的具体要求上，建立在对管理人员所面临障碍的具体分析以及人类行为的动机的基础上。它能够将个人力量和责任心充分发挥出来，使组织中的管理者把组织成员的注意力和努力集中在一起。德鲁克认为，目标管理要取得成功，必须要满足五个条件。第一，组织全体成员的参与。第二，组织内部顺畅地交流和沟通。正如德鲁克所说，"在各个单位的全体管理人员中间必须有一种'思想交流'，只有每个管理人员都明白单位的目标是什么[①]"，才能够成功地实施目标管理。第三，给予组织员工最大的鼓励。目标管理要求组织中每个成员勇敢地承担自己的责任，只有在承担各自责任的前提下组织才能够成功实施目标管理。但在承担责任的同时，每个成员要承担很大的风险。所以，对于勇于承担风险的组织成员要给予支持和保护。第四，目标管理要求组织中的领导者相信广大组织成员的责任心和创造力，要对组织成员的工作业绩有信心。这也是成功实施目标管理的又一个前提条件。第五，管理人员要对实现目标的手段保持一定的控制权[②]。

高新技术团队工作以任务和目标牵引，在什么阶段完成什么任务，要十分清楚。建立健全目标管理机制对梳理团队管理工作脉络、提高团队管理能力具有重要作用。

① 彼得·德鲁克. 管理实践 [M]. 毛忠明, 译. 上海：上海译文出版社, 1999：146.
② 李睿祎. 论德鲁克的行政管理思想 [D]. 长春：吉林大学, 2007：32－35.

首先，建立指向清晰、便于操作的团队管理目标体系。团队管理以"服务全体成员"为总体目标，在此基础上根据团队承接任务的发展规划、阶段性工作计划等进一步明确目标指向。将团队管理目标细化、落实为具体的岗位业务目标和权责划分，使具体岗位人员对自身工作范围和职责权限形成清晰认知。在此过程中，组织领导层和团队管理层应认识到，目标管理应秉承"实效"原则，根据团队实际情况，充分考虑民意，在与基层工作人员保持沟通交流的基础上制订目标，并根据变化适时做出调整，使目标能反映一线人员意愿、得到一线人员认同。可采用定性与定量相结合的目标制定方法，使管理目标能够覆盖团队人员的工作态度、业务能力、职业情感等各个方面，从不同维度激发全体团队人员的工作热情和责任意识。

其次，围绕管理目标配套绩效考核机制。目标管理强调以成果为标准，即目标管理是否落到实处、卓有成效，应当以可被测量评估的实际结果为依据，因此，要围绕管理目标体系配套建立绩效考核机制。在考核指标设计方面，主要围绕工作态度、工作能力、工作效果三个方面展开。其中工作态度主要考核团队成员的协作能力、工作投入度、积极性和责任心等团队建设情况；工作能力主要考核业务进展情况、工作方法、对重要事件及突发事件的处理能力等创新性行为；工作效果主要考核一定周期内个人的工作完成情况、工作处理时效、协调能力等内容。此外，在组织领导层和团队管理层考核评价的基础上，引入团队成员自评模式，尝试应用 OKR 绩效考核方法，调动个体的自发工作行为。

第八章　高新技术团队绩效管理

第一节　绩效与绩效管理

一、绩效

绩效顾名思义是成绩与效果的有机结合。从管理学角度来看，绩效是组织期望的结果，是组织为实现整体目标展现在不同层面上的成绩和成果，这些成绩和成果须是组织认可的有效输出。从外延来看，绩效包括组织绩效和个人绩效，组织绩效通过个人绩效的承接实现，并按照一定逻辑分解到个人绩效①。

李欣欣解释绩效是员工在指定工作周期内的工作行为和

---

① 付亚和，许玉林.绩效管理［M］.上海：复旦大学出版社，2019：3.

工作结果。行为是绩，结果是效，体现员工的个人素质和能力。观察员工以往的绩效，不仅能找到可改进的点，而且可以推断该员工未来的工作表现①。著名学者伯纳丁对此进行研究，他认为绩效代表了员工的工作结果，而这些工作结果不仅和组织战略目标、顾客满意度有关，而且关系到投资等方面的内容②。效是效率、效果、态度、行为、方法和方式，体现的是组织管理的成熟度目标。墨菲在研究中指出，绩效能够体现出个体在实现组织目标过程中的行为③。鲍曼认为，行为绩效包含两方面的内容，一是任务绩效，与岗位工作的熟练程度有关，二是关系绩效，与自发行为、工作熟练程度有关。

目前，管理界关于绩效的观点主要有四种：结果论、行为论、潜能论、全面论。结果论强调"绩效" = "结果"，认为绩效是组织和个体工作达成的结果和成果，强调客观的工作输出，通常用产量、销量、收入、利润等表示。行为论强调"绩效" = "行为"，认为绩效是与组织目标相关联的一系列有价值的行为组合，强调员工的职业化行为过程。潜

---

① 蒋依. W 公司 C 研发部门基于 OKR 绩效管理改进研究 [D]. 武汉：华中科技大学，2021：11.
② 陈春花. 激活个体——互联时代的组织管理新范式 [M]. 北京：机械工业出版社，2016：67.
③ 张继辰，孔艺轩. 阿里巴巴的人力资源管理 [M]. 深圳：海天出版社，2015：78.

能论强调"绩效"="能力",认为无论是结果还是行为归根到底都源于个体所具备的能力素质。潜能论强调绩效是员工具备的能力素质,注重员工能力和潜质的识别和开发。全面论强调"绩效"="能力"+"行为"+"结果",综合了结果论、行为论和潜能论。全面论强调绩效是个体能力、个体行为和工作结果的共同反应过程和结果①。

综上所述,绩效横向可以从能力、行为和结果三个角度进行分析度量,纵向可以从组织整体绩效、部门团队绩效和个体绩效三个维度进行分解,其中组织整体绩效和部门团队绩效可以归纳为组织绩效。无论是理论研究还是管理实践,主流观点都是绩效全面论,即绩效是具备一系列特定能力和素质的个体通过符合组织要求的职业化行为达成的组织预期成果和结果。

从绩效的类别来看,绩效具备三个类别分属的性质,即多因性、多维性、动态性②。多因性是指在不同因素的影响下,个人绩效存在优劣之分。这些影响因素除了指内外部环境因素,还包括个人的智能、技能、情商等方面的因素。这导致实现同一工作目标,个体在工作量、质量与效率方面必

① 彭剑锋. 人力资源管理概论 [M]. 上海:复旦大学出版社,2017:
132.
② 韩坤傲. 基于 OKR 的 T 公司绩效考核优化研究 [D]. 桂林:桂林电子科技大学:2021:2.

然存在着不同的完成度。同样，对于个人、组织或者组织运行过程而言，组织的变迁也会使之不断发生变化，其绩效具有维度性、动态性差异。所谓多维性，指一个人绩效的优劣应该从多方面去分析，只有通过综合性分析，才能保障绩效结果的客观性、合理性和准确性。动态性是指绩效随时间、职位的变动而变动，管理者要尽力削弱"首因效应"，摒弃第一印象主义。基于不同类别绩效的差异与性质，在评价绩效时，要充分考虑到不同类别的绩效考核方法，例如个体绩效考核要充分考虑到全体成员的知识、能力等结构性差异，依此设定考核指标；对管理者而言，除个体因素外，更要关注他们在实现工作目标、发出指令、处理措施上的能力水平，依此制定出契合公司发展目标的考核指标。

二、绩效管理

绩效管理是识别、测量、开发个人和组织绩效，并且使这些绩效与组织战略目标保持一致的一个持续动态过程。绩效管理强调在某特定时间范围内，对既定目标完成的质量、效果、贡献以及员工展现出来的能力等进行评估，并对评估结果予以一定激励，以达成组织绩效和提升个人能力的一种管理方法。一个科学的绩效管理系统强调个人绩效和组织绩效之间的有效链接和互动，让个人和组织在预期的绩效目标及目标达成路径上形成共识，科学的绩效管理系统可以清晰展现个人对于组织目标的价值和贡献，强化员工自我认知，推动员工提高能力，使员工更加胜任岗位，使组织更具活力。绩效管理过程分为四大部分，遵循 PDCA 循环，即计划 Plan、行动 Do、检查 Check、改进 Action①。一个完整的绩效管理系统包括绩效目标与计划、绩效监控与实施、绩效考核与反馈、绩效结果应用与能力发展，绩效管理循环如图 8 – 1 所示。

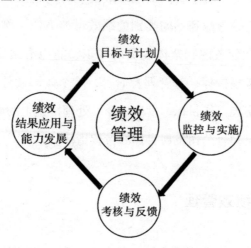

图 8 – 1　绩效管理循环图

绩效管理强调过程的持续循环与沟通、动态改进与提升、不断学习与发展，这是绩效管理的重要特征。绩效管理倡导

---

① 吴莎. 企业应如何做好绩效管理 [J]. 中外企业家，2017 (32)：188 – 189.

四大核心理念：战略导向，系统整合；闭环管理，全程沟通；全面评价，开发潜能；全员参与，实现双赢①。

一个组织要实施有效的绩效管理系统，需要具备三大基础：一是明确的愿景、使命和核心价值观；二是能够清晰描述组织战略目标、运行模式和业务规划；三是建立科学的组织架构、岗位管理等完备的人力资源体系。从绩效管理的作用来看，绩效管理不仅有助于提高个人和组织的整体工作效能，而且能优化组织管理流程和业务流程，打通组织管理淤堵环节，促进组织活动向战略目标前进。只有循序渐进做好每一步，才能为实现更高目标打下坚实基础。因此，传统对绩效的管理也是从行为和结果的综合导向出发的。林新奇指出，绩效管理主要包含激励型绩效管理和管控型绩效管理两种。其中激励型绩效管理主张调动员工积极性，这样不仅能提高员工活力，而且能推动企业运转。管控型绩效管理则不同，强调规范和流程，要求员工在工作过程中严格遵守。

绩效目标与计划是绩效管理的起点，组织、部门、团队和个人的绩效目标和行动计划构成了绩效目标体系。组织战略通过自上而下的分解，形成组织、团队和个人的绩效目标与计划。绩效目标与计划通过领导层、管理者和个体共同商

---

① 石燕蓉. 绩效管理理念的精髓［J］. 企业管理，2009（12）：24 - 25.

讨、充分沟通达成共识，明确绩效考核周期内做什么、做到什么程度、为何做、何时完成等。绩效目标的设定要遵循SMART原则，SMART原则要求目标的描述是具体的（Specific），不是空洞的；目标是可度量的（Measurable），能够量化或具体化的，要求目标的验证数据可记录、易获得；目标是可实现的（Attainable），不能过低也不能遥不可及；目标具有现实性（Realistic），可以被观测到或被验证，而不是虚无缥缈的；目标具有时限性（Time—bound），目标达成需要具有明确的时间界限，而不是模糊不清或者遥遥无期①。绩效考核指标的设定制定统一的规范，一般认为绩效考核指标的设置应该遵守以下原则：以定量指标为主，以定性指标为辅；少而精；可测量；差异性；目标一致性②。

绩效监控与实施是绩效管理循环中战线最长的环节，也是最难把握的环节。绩效实施过程中绩效计划的实际开展情况、遇到的问题、需要的资源和技术支持等都直接影响最终的绩效结果，有效的绩效监控是绩效实施成功的关键。

绩效考核与反馈是在考核期末，考核者对被考核者的工作态度、能力素质和业绩产出进行测量、审视和评估，确定

① 李宇庆. SMART 原则及其与绩效管理关系研究 ［J］. 商场现代化，2007（19）：148 – 149.
② 付亚和，许玉林. 绩效管理 ［M］. 上海：复旦大学出版社，2019：138.

被考核者的绩效完成程度。考核者与被考核者就绩效结果进行沟通，让被考核者全面深入地了解自己绩效中的亮点和不足，分析问题的根源并与其共同制定绩效改进措施，传递组织的期望和要求。

绩效结果应用与能力发展是基于绩效评价结果对被考核者在绩效改善计划、薪酬分配和人才发展等相关领域进行的改进与激励，强化优良绩效，改善不良绩效。绩效结果应用与能力发展坚持以人为本，统筹兼顾，将个体和组织紧密联系起来，促进员工能力提升和职业发展，促进员工与企业共同成长和发展①。

综上所述，绩效管理作为一个目标追踪管理系统，包含的四个环节构成一个有序的综合系统，强调动态化管理，强调对组织系统的整体把握和全面理解，强调学习和提升，强调不断追求卓越，是实现组织战略、落实组织目标、培育组织核心能力的重要工具，应当渗透到战略、人才、文化等组织管理的各个方面。组织内部全体人员共同参与四个绩效环节，在绩效管理持续循环的过程中不断完善自我，实现个人和组织共同进步。绩效管理更是一种管理思想，代表组织对

---

① 付亚和，许玉林．绩效管理［M］．上海：复旦大学出版社，2019：139.

于绩效和管理相关问题的系统思考，强调系统考虑和持续改进①。

第二节　团队绩效管理

一、团队绩效

　　一个团队就是能力互补的一小群人，他们致力于一个共同的目的和一套行为目标，并且为实现这些绩效目标履行他们的特定责任②。高新技术团队集聚了一批智力密集型人才，往往是为了完成特定任务组成的团队，其成员有共同目标和兴趣，遵守共同规范，相互依存、相互影响，有较强的归属感和认同感。有很多还是跨功能型团队，团队成员来自不同的专业领域和部门，但大多成员具有极高的责任感，不仅对团队负责，而且对相互间的个人成长和发展负责，通过密切的工作交往、知识技术交流以及共同分担团队责任，建立起和谐、积极的团队氛围。这是与普通团队的重要区别。据此

---

① 邵蕊蕊．浅谈企业绩效管理体系［J］．魅力中国，2011（11）：358.
② 斯蒂芬·P．罗宾斯．管理学［M］．北京：中国人民大学出版社，2017：241–245.

可以认为，高新技术团队绩效是指团队成员在团队工作中的过程付出和最终产出的总和。过程付出是指在达成工作目标的过程中衡量到的任务绩效以及周边绩效，最终产出既包括团队已经完成的工作任务，又包括团队成员在工作中自身人力资本存量的增长水平，甚至包括组织本身或团队的其他利益相关者从中得到的有形或无形的收益。

二、团队绩效特征

高新技术团队是人力资本集聚团队，工作过程内隐，其预期成果具有极大的不确定性。团队绩效具有以下显著特征。

（一）整体绩效难以分割

高新技术团队大多是一种以任务或项目为导向的工作形态，如图 8-2 所示。虽然有一些高新技术团队作为组织生存发展的基础和支撑，在组织内部长期设置，以"类部门"的形式存在，但是大多数高新技术团队在达成目标后解散，其成员回归原部门，待有新任务时，再灵活地组建新的团队。团队成员的个人努力和团队工作任务达成之间是必要非充分关系。更何况在团队工作中还存在信息交流的过程与合作关系，这就更难界定个体的具体绩效了。因此，在团队工作结束后，区分具体成员工作的重要性和贡献值在操作层面上几乎不可能[①]。另外，在高新技术团队中，单个的人力资本投入很难从最终结果中计算出来，团队成员之间"搭便车"的现象一直存在，因此，很难对个人努力水平的改变进行精确认定和激励。

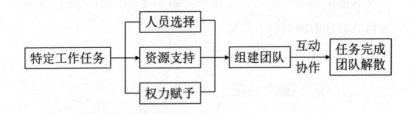

图 8 - 2　高新技术团队组建和解散流程

（二）绩效目标存在多元关系

高新技术团队所处的领域是社会发展前沿，技术发展和社会需求是两大动力，这决定了高新技术团队要面对多个利益相关者，团队绩效除受到利益相关者的影响外，也要受到利益相关者的评价。高新技术团队存在的价值在于对利益相关者有贡献，高新技术团队的工作过程是一个为利益相关者生产价值的过程[②]。每一个团队的利益相关者均是团队绩效的评价者，如图 8 - 3 所示。

① 郭斌，王端旭. 高新技术公司 R&D 部门的员工绩效评价 [J]. 科研管理，2003.03：77 - 82.

② 王悦悦. 知识团队的绩效评价体系研究 [D]. 南京：南京理工大学，2004：8.

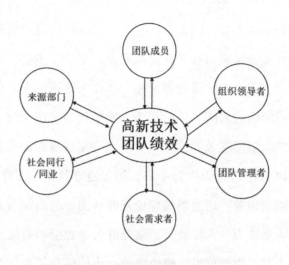

图 8 - 3　团队绩效目标多元关系

（三）周边绩效对提升团队整体绩效贡献良多

莫托维多（Motowidlo）和斯科特（Scotter）提出绩效二元结构模型，将绩效划分为两个方面：任务绩效和周边绩效。任务绩效与具体的职务工作内容密切相关，同时也和个体的能力、完成任务的熟练程度以及具备的工作知识密切相关。而周边绩效与绩效的组织特征密切相关，这种绩效虽然对于组织核心技术的维护和服务没有直接的关系，但是从更广泛的企业运转环境和企业的长期战略发展目标来看，这种绩效非常重要。周边绩效的内涵相当宽泛，包括人际因素和意志动机因素，如保持良好的工作关系、坦然面对逆境、主动加班等。莫托维多确定了五类主要的周边绩效行为：主动地执行不属于本职工作的任务，在工作中表现出超常的工作热情，工作时帮助别人并与别人合作，坚持严格执行组织的规章制度，以及支持组织目标。在此基础上，又进一步把周边绩效分成两个方面：人际促进方面和工作投入方面。人际促进是有意增进组织内人际关系的行为，能够提高组织士气，鼓励合作，消除阻碍绩效的因素，帮助同事完成他们的工作。工作投入以自律性行为作为中心，例如遵守规定、工作努力、具有首创精神等。周边绩效理论同时认为，与组织有关的因素，如沟通能力、人际能力、领导能力等也应当是绩效评价的重要内容。由此可见，周边绩效行为能够促进群体与组织绩效的提高，这对于团队的工作情境十分有意义①。

（四）整体绩效不等于个体绩效的简单相加

前已述及，高新技术团队的个性化特征十分明显，因此团队并不总是呈现出"1＋1＞2"的理想状态，这就意味着个体绩效增加不代表整体绩效一定会提高，甚至合作非但不能带来高绩效，反而会有相反的结果出现。首先，团队合作的质量高低影响团队整体绩效。良好的团队氛围、融洽的人际关系、知识技术共享与聚合程度对团队整体绩效的影响举足轻重。团队绩效更多取决于其成员之间的相互作用而不是他们的独立行动。其次，团队选人用人是否得当影响团队整

---

① 王悦悦. 知识团队的绩效评价体系研究 ［D］. 南京：南京理工大学，2004：9－10.

体工作绩效。高新技术团队的工作具有很强的复杂性，涉及
诸多前沿知识领域，将优势互补或优势集聚的相关人员组织
起来，是取得较好团队绩效的人才保证。最后，团队是一个
环境十分开放但对知识相对保护、封闭的特殊组织类型，能
否与组织内部其他职能部门以及外部利益相关者建立良好互
动关系，也将对团队绩效产生影响。

三、团队绩效影响因素

由前述团队绩效的特征可得知，影响绩效的因素复杂，
若将绩效管理对象简单化，则团队绩效完全归因于人的因素。
这不仅不公平，而且容易产生过分依赖"团队顶梁柱"的现
象，从长远看反而限制整体绩效的提升。团队绩效影响因素
主要有以下几个方面。

（一）组织支持

组织对于团队的授权、资源配置、人才选用、沟通机制
等支持性环境非常重要，另外在管理和控制团队绩效方面，
组织要起到引导和方向性作用。

（二）任务与目标的匹配度

高新技术团队的行业内竞争激烈，环境变化快，一项任
务在团队组建时很重要，但一段时间以后，其存在的意义可
能就会打折扣。在这种情况下，团队任务是否与组织战略目

标一致，对于团队绩效的衡量至关重要。

（三）与其他部门的协同与集成

组织内部合作与相互信任是高新技术团队建立的重要组织基础和环境基础。高新技术团队活动受技术、社会因素影响较大，传统的等级制、命令—控制结构显然不能适应管理要求，各部门之间的融合是高新技术团队成败的重要因素。

（四）知识共享能力

知识共享是高新技术团队产生可持续绩效的核心与灵魂，团队具备相应的知识共享机制、知识成长平台和适宜的知识管理模式，实现知识在团队内部的集聚、传播、共享、创新，是团队绩效的重要保证。

第三节　绩效管理工具与方法

绩效管理是一个复杂但有规律可循的过程，因此随着组织管理的发展和理论研究的深入，逐渐出现了专门用于绩效管理的模型和方法。不同的绩效管理方法会直接影响到绩效评定结果、组织内部奖惩及绩效提升等多方面问题。经过实践验证，有些系统化、操作性强的绩效管理工具方法留存下来并在各类组织中广泛应用，总结起来主要有以下几种。

一、目标管理

绩效管理源自彼得·德鲁克提出的目标管理（Management By Objectives，MBO），后续发展也遵循了其中的原则。1954 年，德鲁克首次提出目标管理的概念。目标管理理论认为，明确的目标能推动员工自发承担责任。比起传统绩效管理方式，目标管理支持员工参与企业管理。任务的达成只是管理中的一部分，员工的自我评价和管理过程中的任何成果都非常有价值。目标管理适用于知识型工作者的考核评估。如果员工能力大且目标设置的难度大，得到的绩效成果会更多。目标管理针对不同个体建立不同的期望值，员工看到其他个体的目标也更有动力去提高自己的目标，以内驱力驱动个人进步。目标管理理论是一个闭环，首先要确定目标，在执行过程中也要保持监管，末期对目标和执行结果都要进行评价，最后总结如何改进，在下一期建立更加合理的目标，实现最大效益。在这个基础上现代绩效管理全流程得到了验证和延伸。

目标管理的缺点主要有以下三点。第一，适用条件存在局限性。现实中大部分目标都很模糊，目标的考核也带有很强的主观性，可是目标管理要求目标实际且可分解，以便于评估。第二，目标不容易修正。由于目标是一层一层地被分解的，关联性太强，如果某些环节的目标设置不合理，修正是非常困难的，可见目标管理的灵活性不强。第三，容易出现短视效应。在目标管理中，员工绩效最为最重要的衡量指标是目标是否完成，员工容易出现太过重视短期目标的现象。人的精力是有限的，这必然导致组织发展即使在短期劲头十足，但是无法形成可持续发展。

二、平衡记分卡

平衡计分卡（Balanced Score Card，BSC）专注于组织的战略目标，适用于全面评估组织绩效，于1992年由哈佛大学的罗伯·卡普兰及大卫·诺顿首次提出，被誉为"75年来最伟大的管理工具"。平衡记分卡主要从学习与成长、内部运营、财务以及客户的角度做定性分析，把战略转化为定量考核的指标，集测评、管理与交流功能于一体，它改变关键小指标上的设计缺陷，进一步优化组织整体绩效管理，平衡组织目标与外部环境。平衡记分卡的关注重点在于组织绩效，把组织战略看成核心，所有衡量项目都是围绕战略展开。因此，这种绩效管理方法在组织战略规划和战略执行上有着非常重要的作用，从四个主要因素衡量组织的整体运转水平。

第一，财务层面反映出组织战略获取价值的能力，这直接关系到组织的存在意义。第二，服务（使用）对象层面反映出组织战略所带来的服务（使用）对象价值提升，即组织的产品或服务满足服务（使用）对象需求的程度。第三，内部流程层面反映了为实现组织战略所做的组织内部改造，内部流程升级才会进一步提高组织的综合竞争力，进而实现组织的发展。四是学习与成长反映了实现组织战略所需要提升的内容，组织要不断地进化和发展才能适应市场和内部升级的需要。同时，学习与成长也是一个组织实现长期战略目标的保证。

虽然平衡记分卡对于面向战略的执行十分有效，但也存在一定弊端。第一，实施难度大。平衡记分卡照顾全面，站在四维视角，这导致相关考核因素过多，系统庞大，应用难度不免增大。因此，平衡计分卡更适用于处在较激烈竞争氛围中，有明确战略目标、合理组织架构、完善人力资源制度的组织。第二，落实到个人身上有一定难度。平衡记分卡基于工作岗位，虽然能分解组织战略目标，但要分解细化到每个员工仍然很困难，难以单独考核员工的关键工作成果，无法清楚地界定相关任职标准和岗位需求。第三，短期内效果不突出。平衡计分卡涉及的考核要素较多，要求组织配合使用各类资源，过程复杂导致执行周期过长，要达到预期效果也需要更长的时间。

三、关键绩效指标

关键绩效指标（Key Performance Indicator，KPI）是一种主打考核的绩效管理工具，源自平衡计分卡体系，也是从组织、部门的战略中分解出来的，但是以结果为导向，强调目标的可操作性。同时遵循二八原则，即 80% 的组织活动由 20% 的关键成果或行为决定，因此，重点保证 20% 起决定性作用的内容能够达到目标。通过对组织战略中的核心环节和信息进行提取，确定对组织发展至关重要的因素，这些要素可以决定组织绝大部分的发展目标，而后把它们转化为可以定量分析和实现的指标体系，这些指标体系就是 KPI。KPI 一般分为三个层级：整体组织级别的 KPI，这也是整个组织内部的总体指标，是从组织的战略目标中提炼出来的；组织内的各个部门因职能的不同也会有不一样的 KPI，各部门的 KPI 都是从组织 KPI 中分化而来，部门主管也会据此明确整个部门的工作方向和工作内容，在部门 KPI 确定后，即可根据员工的个人岗位详细拆解 KPI，此时，整个组织内的员工也都获得了自己的业绩衡量指标。KPI 通过逐层分解保证组织上下目标一致，也保证了组织战略的细化和具体落地，通过考核部门和考核员工的形式保证组织 KPI 的达成。由此可见，KPI 是组织战略的层层分解，不仅使员工的工作行为符合组织战略要求，而且把员工的个人利益与组织利益高度集中在一起，激励员工从而促成组织目标的实现。

关键绩效指标的制定必须严格遵守 SMART 原则，所有目标必须是清晰且可测量的，不然就无法指导实际的工作，但在实际工作中也会出现某些工作无法量化的问题，如果强行去量化这部分工作，就容易造成工作过程和结果偏离战略目标的要求。关键绩效指标作为绩效考核的一部分，也往往与个人奖金挂钩，员工会为了奖金而努力达到指标的要求，这原本是一个良性的刺激，但也会导致员工唯指标论，为了达成 KPI 不惜代价去工作，有时甚至会背离战略的初衷。

由于良好的可操作性和清晰的目标导向性，KPI 方法一度被国内各类组织热烈推崇，但也有不少局限。第一，KPI 似乎有些难以界定。KPI 要求指标可量化和可用行为实践，但并不是所有指标都能被量化，有些关键因素比如组织文化是不能被量化的，这可能导致指标无法全面评价绩效。第二，过于依赖考核指标，也并不一定能真实有效地反映员工工作情况，如果选错指标，对战略目标和员工个体都是不利的。第三，KPI 适用的岗位也有限，比如工作内容复杂的管理岗位、行政岗位等，指标是不易被量化的。而 KPI 又与绩效工资强关联，使用 KPI 来考核会导致这些岗位的员工对公平性质疑，从而消极怠工。

四、360 度绩效评价

360 度绩效评价又称多源评价法或全景式反馈法，最早由英特尔公司提出，从与员工接触的所有相关方的角度获取员工的绩效评价，通常由被考核者自己、上级、平级、下属、客户等对被考核者的工作能力、人际交往、工作行为和工作业绩进行客观全面的评价，通过多方反馈全面了解员工的优势与不足，从而更有针对性地与员工进行沟通，并帮助其进行自我提升①。360 度绩效评价的反馈内容来自员工密切接触的相关方，他们的意见能够直接反映员工的工作效果，员工个人也更容易接受这些评价结果和建议，从而有的放矢，自我提升。这种方法还能促进员工相互理解，提升组织工作氛围和团队凝聚力。360 度绩效评价的根本在于进一步提升员工的能力，而不是单纯地获取一个最终的分数。并且在进行 360 度绩效评价前，组织也应当对不同的岗位制定对应的胜任力模型，结合评价结果开发员工潜力。但往往很多组织只

①　刘凤瑜．一种有效的效绩评价模式：360 度反馈的基本原理与过程 [J]．南开管理论．2000（1）：71 – 74.

关注此模型的结果，而忽视了员工能力发展问题，最终导致评价环节流于形式，又因为使用此种模型工作量巨大，结果往往不理想。

在管理实践中，360 度绩效评价一般遵循五个步骤。第一，确定评价主体及权重。参与评价的主体一般包括被考核者自己、上级、平级、下属、内部业务关联方、外部客户等。需分别为不同的评价主体确定评价结果的比例权重。第二，编制 360 度绩效评价量表。明确评价指标、指标释义、评价标准、评价指引等，为考核主体提供清晰的评价量表。第三，实施 360 度绩效评价。有计划地开展 360 度绩效评价工作。第四，结果统计。汇总审核各个考核主体 360 度绩效评价数据，输出被考核者的评价结果。第五，评价结果的反馈和应用。360 度绩效评价法的结果从不同角度给予的评价信息要反馈给被考核者及其上级，人力资源部针对评价结果开展报酬、晋升和人才发展等领域的应用。

360 度绩效评价用于个体发展性的评价和员工能力开发为主要目的的场景更为有效，根据 360 度绩效评价获取的信息对员工进行能力诊断，有针对性地进行人才培养，设计员工职业发展道路，做出人员晋升激励等人力资源决策①。360

---

① 陆昌勤，方俐洛，凌文辁 . 360 度反馈及其在人力资源管理中的效用 [J] . 中国管理科学，2001（3）：75 – 81.

度绩效评价法被众多组织应用到干部管理和领导力发展领域，帮助管理者和岗位员工进行自我认知。360 度绩效评价法的优势比较明显，可以避免单一评价主体的片面性，可以从更多视角获取评价信息。该方法的缺点也比较明显，考核实施的成本较大，可能会导致被评价者把更多精力放在人际关系上而偏离工作的核心领域；非正式组织对评价的影响会比较大，考核很容易流于形式，公正性难以保证。

需要注意的是，设计实施 360 度绩效评价法需要组织具备两个前提条件：一是倡导参与式的管理理念，而非集权式的管理体制；二是具备开放沟通的文化氛围，让评价和反馈更加全面、更加真实①。

五、目标与关键结果

目标与关键结果（Objectives and Key Results，OKR）并不是一个新近才出现的管理词汇，早在 20 世纪 70 年代，英特尔公司就已经开始推行 OKR 制度了。1999 年，深受 OKR 影响的约翰·杜尔把 OKR 带给了他刚投资成立还不到一年的谷歌，也正是因为这样，约翰·杜尔被人们冠以"OKR 之父"的头衔。随后，甲骨文、领英、推特等公司纷纷开启了

---

① 王艳涛.Y 公司绩效管理体系改进研究［D］.东南大学，2020：13.

自己的 OKR 绩效管理之旅。2013 年前后，OKR 被引入中国并逐渐被大众熟悉。很多管理者认为，OKR 是关于目标管理的一种最佳实践。关于 OKR 的定义，目前普遍比较认可的有两个。约翰·杜尔认为，OKR 是确保将整个组织的力量都聚焦于完成对所有人都同样重要的事项的一套管理方法①。保罗·R. 尼文和本·拉莫尔特认为，OKR 是一套严密的思考框架和持续的纪律要求，旨在确保员工紧密协作，把精力聚焦在能促进组织成长的、可衡量的贡献上。②。

保罗和拉莫尔特在书中详细分析了 OKR 的两大构成和六大要素。从构成来看，OKR 包含两个方面：目标（Objective）与关键结果（Key result）。第一，目标（O）是对驱动组织朝期望方向前进的定性追求的一种简洁描述，它回答的是"我想实现什么""我们想做什么"的问题。第二，关键成果（KR）是一种定量描述，用于衡量指定目标的达成情况，它回答的是"如何实现目标/如何衡量目标是否完成"的问题③。可以理解为，实现了多个关键结果，才

---

① 约翰·杜尔. 这就是 OKR［M］. 北京：中信出版集团，2018：10.
② 保罗·R. 尼文，本·拉莫尔特. OKR：源于英特尔和谷歌的目标管理利器［M］. 况阳，译. 北京：机械工业出版社，2017：8.
③ 保罗·R. 尼文，本·拉莫尔特. OKR：源于英特尔和谷歌的目标管理利器［M］. 况阳，译. 北京：机械工业出版社，2017：10 - 11.

能达成最终的目标。通过目标与关键结果有机结合，在一段时间内能够统一团队和员工的目标，规范了实现目标的过程，使实现目标的过程更透明，也更具指导性。从要素来看，OKR 包括六个关键要素。一是严密的思考框架。OKR 强调在做一件事时，首先要明确目标，即找到做这件事的价值和意义，在此基础上再去思考和寻找达成这个目标的衡量方法，即关键结果。这样做的原因是避免员工从一开始就忽略工作的价值，而过分关注结果。二是持续的纪律要求。在制定开展周期的时候，OKR 并不是僵化地按照半年或者一年为周期去制定，而是强调要与业务的发展需求相匹配。此外，OKR 还十分强调在实施的过程中要不断地评估进展，直到达成关键结果的各项关键要求。三是确保员工紧密协作。强调过程的透明与公开是 OKR 的最大优势之一，也是其区别于传统绩效管理方式的特色之一。在传统绩效管理中，一般只有主管及主管以上级别的员工才可以看到其他人的目标，而 OKR 是对全员可见，这在一定程度上能增加员工之间的了解和信任，也有利于员工之间的相互协作。四是精力聚焦。二八原理告诉我们，要把主要的精力集中在少数关键结果的达成上，所以在 OKR 中，关键结果的数量一般不超过五条。五是做出可衡量的贡献。在 OKR 中，定量的关键结果要能够精确地指出其对于目标的达成究竟起到怎样的促进作用，这也就意味着，对关键结果的描述一定要客观，而不能主观。六是促进组织成长。目标才是 OKR 真正的价值和意义所在，它必须能够促进组织的成长，对组织的发展做出一定的贡献①。

可见，OKR 是一种目标管理方法，也是一套定义组织战略目标及衡量目标完成情况的工具和方法，虽然起源于德鲁克的目标管理，但 OKR 不是命令驱动，而是目标驱动，坚持认为自我管理的优势大于强制管理。OKR 首先是沟通工具，然后才是努力的方向和目标，能让组织集中资源、上下协同，旨在确保员工共同工作，并集中精力做出可衡量的贡献。

在 OKR 实施过程中，组织根据战略目标制定组织层级的 OKR，并以此来指导部门和员工制定 OKR，所有 OKR 都要反映组织的战略目标和执行过程。制定 OKR 都是由上至下和由下至上双向沟通确定的，不存在单一强制要求的情况。在一次次的讨论过程中也会加深各部门和员工对于组织战略的理解，确保组织内部上下目标一致。OKR 强调聚焦，把组织和员工的精力聚焦在要实现的有限目标上，一般认为确定 1～3 个目标比较合理，对每个目标都拆分出 2

---

① 王明，洪千武．OKR 管理法则［M］．北京：中信出版集团，2020：8.

~4 个关键结果，这样可以确保员工能够理解什么才是最重要的，并且可以聚焦在组织的优先事项上。OKR 的制定周期主张以季度为单位，可以及时回顾和刷新，以适应环境的变化，从而及时调整战略方向，这样就使组织更为敏捷，运行也更灵活。

此外，在实际的 OKR 实施过程中，有的组织为了更好地支持关键结果的达成，会再将关键结果细分成若干任务，即 Action（行动），如此一来，一个原本由目标和关键结果共同构成的 OKR 两层结构就会被扩展成目标—关键结果—行动三层结构，在这个三层结构中，目标和关键结果是必要的，行动则是可以选择的①，如图 8-4 所示。

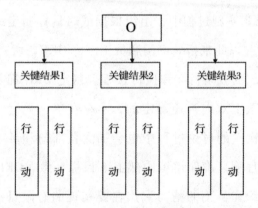

图 8-4　OKR 三层结构

---

① 王明，洪千武 . OKR 管理法则［M］. 北京：中信出版集团，2020：10.

OKR 也有自身的实施原则。第一，定性描述目标、定量描述关键结果，保证目标的达成情况可以定量观测。第二，目标与关键结果应该都是有挑战性的，但也要确保目标是可达成的，不能高不可攀。第三，目标与关键结果应该都是透明的、完全公开的，让员工彼此都了解对方工作内容，促进跨部门的沟通和协调。第四，不与奖励挂钩。因为一旦 OKR 与奖励发生联系，员工就不愿树立有挑战性的目标，降低主动承担长远工作的意愿。这会造成员工在获取奖励的压力下无法发挥创造性思维。

当然，OKR 同样不可避免自身的局限性。因为脱离了激励，并且关键结果往往也都是有挑战性的，员工可能会缺少动力。同时，这种方法也对于员工的综合素质要求较高，一旦组织内部存在浑水摸鱼的员工，目标与关键结果就难以落地和执行。

相比之下，KPI 以考核为导向，而 OKR 是一个目标牵引工具，为员工设定公开的、有挑战性的目标，激励他们提升绩效水平，时刻提醒所有人从整个公司的战略角度看目前自己做什么最重要。OKR 与 KPI、平衡记分卡等其他方法不同，具有批判性思维，不光能帮助企业和个人建立合理的目标，还能在执行过程中通过不断的反馈与调整达到最佳状态，是动态的、灵活的①。但是 OKR 对企业管理人员和员工的综合素质要求较高，对员工物质层面的激励较弱，因此需要与其他方式有机结合。

总而言之，OKR 是一种轻便简捷的绩效管理模式，能够最大限度地促进组织成员之间协作创新水平的提高，自诞生以来多被用于互联网和技术型组织。比如，在谷歌发展的早期，作为投资方的约翰·杜尔把 OKR 推荐给了谷歌创始人，一直主张开放和透明的谷歌把 OKR 运用得炉火纯青，并一直推动着谷歌的进步。如今，在 Facebook、LinkedIn、百度、华为、字节跳动等高科技公司都在使用 OKR 进行日常工作的管理。

六、不同绩效管理工具之间的比较

综上所述，平衡记分卡（BSC）更适合于管理岗位，按照战略进行分析和考核；360 度绩效评价使用的前提是组织内要有相应的岗位胜任力模型，否则容易造成资源浪费还无法得到准确结果，且最好与其他绩效方式配合使用；关键绩效指标（KPI）和目标与关键结果（OKR）更适合用于组织

---

① 蒋依. W 公司 C 研发部门基于 OKR 绩效管理改进研究［D］. 武汉：华中科技大学，2021：14.

内日常工作和绩效管理，两者各有特点。具体来看，KPI 和 OKR 相同点在于：第一，都来源于目标管理，以目标为工作导向，以工作结果为衡量内容，主张把组织的战略目标进行层层拆解，达到上下理解一致；第二，两者之间使用的原则相同，都是以 SMART 为原则。不同点主要有以下两点。一是设定的模式不同。KPI 是一种自上而下的模式，由管理者向下级下达工作目标，并通过层层分级实现。OKR 则是自下而上的模式，由各个层级之间分别与管理者协商而制定。OKR 避免了既定目标太高或者太低的弊端，也使企业的绩效考核对各个层级都公平化、透明化。二是适用组织不同。KPI 关心的是能否完成既定的目标，关注目标是否实现，适用于目标、结果导向的强势组织。OKR 致力于更有效率地完成一个挑战项目，关注在实现目标的过程中，员工为获取关键结果所付出的努力，适用于重视过程管理的项目管理组织。就组织内部而言，KPI 适用于组织目标较为固定、工作内容可量化、指标易提取且评价标准易量化的团队，OKR 更适用于目标具有一定弹性、过程中需要较多创意和创新的团队，如产品、技术、运营等团队。

综合以上分析，就高新技术团队本身而言，更适合运用 OKR 绩效管理方案。从组织角度来看，可以运用 KPI 把组织战略目标层层分解至技术团队层面，实现组织战略目标的纵向落地，再运用 OKR 把技术团队目标分化至小团队和个人，在实现目标的同时推动组织内部多方向沟通。当然，适合的才是最好的，不同组织、不同团队，因其发展背景、所属行业和战略目标的差别，应当综合考察，选用科学、合理、有效的绩效管理方案。

第四节　高科技研发团队 OKR 方案设计

高科技领域涉及学科众多，各专业技术相互交叉，前沿创新性强。我们以无人机智能技术研发团队为例，对 OKR 在高新技术团队的应用进行说明。

一、研发团队组织结构

无人机智能技术研发团队的规模比普通团队规模大，在制定团队年度 OKR 时，采用自下而上与自上而下相结合的办法，以团队内部 OKR 共创会的形式开展，通过"草拟团队OKR→OKR 检查→OKR 发布"三个步骤完成。通常，团队目标的制定，要以上级的关键结果（KR）为标准，或者对上级的 KR 有显著支撑作用。在研发团队的 OKR 共创会上，要将几项关键内容作为重点讨论。首先，研发团队的目标要承接上级组织 OKR 中的三大 KR。第一个 KR 是提升导航精准度，研发团队的承接方式为：重建技术交流平台、大力拓宽军地融合通道。第二个 KR 是延长续航时间，此项任务对于现阶段的研发团队来说，具有一定的挑战性。第三个 KR 是提升一代芯片技术，完成 3~4 项实用新型的技术专利申请。经过以上分析，根据部门内部人员的能力、擅长的领域、经验、个性特点等各方面的具体情况，研发团队将现有团队人员进行分工，成立 4 个创新小组并明确责任，层级汇报关系如图 8-5 所示。

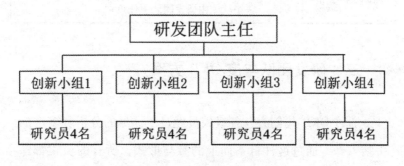

图 8-5　OKR 层级汇报图

二、研发团队绩效职责分工

在明确 OKR 层级汇报关系后，应清晰确定研发团队绩效职责分工，如表 8-1 所示。

表 8 - 1　团队绩效职责分工

人员	责　任
研发团队主任	团队 OKR 总负责（主要是内、外部资源协调沟通）
创新小组 1	无人机导航技术，小组长是第一责任人
创新小组 2	无人机动力技术，小组长是第一责任人
创新小组 3、4	无人机芯片技术，3 组和 4 组分别负责无线通信和传感器集成，各小组长是第一责任人
团队全体人员	支撑确定上级组织未来重点创新方向，由研发团队主任负责

三、研发团队年度 OKR 方案

通过 OKR 共创会，各级人员经过了详尽的分析和多次的头脑风暴，通过这种自下而上的参与形式，所有的员工都深刻地感受到自己的工作成果将与公司的未来紧密结合。在经历了多轮制定 OKR、检查 OKR 的过程后，在目标的制定上，遵循了目标具有挑战性、清晰明了的原则，在 KR 制定上，遵循了 SMART 原则，形成了研发团队的年度 OKR，如表 8 - 2 所示。

表8-2 研发团队年度OKR

序号	目标	关联	可实现值（1~5,数值越大越能实现）	关键结果（KR）	责任人	计划完成日期
1	01	上级组织KR1	4	KR1:重建技术交流平台	创新小组1	2023-06
				KR2:大力拓宽军地融合通道		
				KR3:导航诱骗系统升级		2024-06
2	02	上级组织KR2	4	KR1:氢能技术1~2个关键点有所突破	创新小组2	2025-12
				KR2:优化充电装置		2023-12
				KR3:提高电池放电倍率		2024-06
3	03	上级组织KR3	4	KR1:无线传输芯片	创新小组3、4	2024-12
				KR2:影像及智能视觉处理芯片		

四、研发团队个人 OKR 方案

研发团队成员都要在每季度开始前 5 日建立个人的下季度 OKR，每人根据上级的 OKR，草拟个人季度 OKR 方案，经过组内讨论并上报至团队 OKR 共识会，进行 OKR 检查，最终确定个人 OKR。根据 OKR 的制定方式，个人 OKR 可按照如下形式撰写，如表 8-3 所示。

表 8-3 研发团队个人 OKR

序号	目标	关联	可实现值（1~5，数值越大越能实现）	关键结果	责任人	计划完成日期
1	01			KR1		
				KR2		
				KR3		
2	02			KR1		
				KR2		
				KR3		

KR 并非简单罗列任务清单，基于 OKR 的绩效目标聚焦、简捷，在团队内部具体月、周的工作内容上，各小组成员和

团队管理者根据 KR 的情况自行规划。在 OKR 方案制定过程中，保持了对优先事项的聚焦和承诺，目标和关键结果都紧密贴合上级的战略目标，使全体人员的目光都聚焦现阶段对组织最重要的事情上来①。在团队内部各小组之间的配合上，同一个目标分解下的工作任务由 1～2 个团队共同负责，充分体现了团队之间工作的协同和联系。在 OKR 的分解和对齐过程中，保持透明和自下而上的制定方式，充分体现了 OKR 追求公开和责任清晰的特征。此外，研发团队的每一项目标都充满了挑战性，充分体现了 OKR 要求目标需要有挑战性。

---

① 朱琦慧.基于 OKR 的 H 公司研发部绩效管理优化研究［D］.呼和浩特：内蒙古大学，2022：44－49.

后 记

近年来，随着全球科技竞争加剧，科技创新、创新团队等概念越来越频繁地出现在人们的视野中。团队是拥有高度自主权的次级组织，组建团队从根本上讲是为了提升组织核心能力和适应环境快速变化的需求。高新技术团队作为高科技领域的微观单元组织，创新性强、责任重大，是实现组织目标、提升组织竞争力的攻坚力量。另外，高新技术团队成员知识储备丰富、思维敏锐，具有显著的特殊性。因此，高新技术团队的管理应注重培育成员的责任、参与、协作、共生等良好的工作氛围和工作关系。

笔者在理工科院校工作近16年，主要从事公共管理和军事管理研究工作，接触过很多不同专业和领域的科技创新团队，深切感到：很多管理者经过多年摸索，总结出一些团队管理的经验，这些经验曾经在一个时期内起到了一定作用，维持了团队的运转，但面对网络下沉时代的新生代群体，显然已经不足。团队管理的实践迫切需要系统的管理理论作为指导。面对极具交叉性、融合性的管理学，我们需要做出新的努力，通过不断尝试、总结、积累、反思、改进，形成推动科技进步和社会发展的重要力量。

时代潮水浩浩荡荡，我们必须认清趋势，把握方向，在丰富的管理实践经验的指引下，为高新技术团队的发展与创新注入强大的推动力。